# 看盘

## 快速入门 ❶

### 通往交易赢家殿堂的第一级阶梯

郭志荣 ◎ 著

**中国股民入市基础技能训练教程**

跨越牛熊，畅销七年的经典，口碑卓越的新股民脱盲指南

K线定义、组合形态详解＋指标初级应用指南＋实战图例分析

**普及常识 ※ 实用至上 ※ 图文并茂 ※ 案例丰富**

SPM

南方出版传媒
广东人民出版社

·广州·

图书在版编目（CIP）数据

看盘快速入门1（黄金版）/郭志荣著. —广州：广东人民出版社，
2015.10

ISBN 978－7－218－10249－8

Ⅰ.①看… Ⅱ.①郭… Ⅲ.①股票交易—基本知识 Ⅳ.①F830.91

中国版本图书馆 CIP 数据核字（2015）第 166102 号

Kanpan Kuaisu Rumen 1

# 看盘快速入门1（黄金版）

郭志荣　著

出 版 人：曾　莹

责任编辑：肖风华　温玲玲
封面设计：张建民
责任技编：周　杰　黎碧霞

出版发行：广东人民出版社
地　　址：广州市大沙头四马路 10 号（邮政编码：510102）
电　　话：（020）83798714（总编室）
传　　真：（020）83780199
网　　址：http：//www.gdpph.com
印　　刷：深圳市鹰达印刷包装有限公司
开　　本：787mm×1092mm　1/16
印　　张：17　字　数：235 千
版　　次：2015 年 10 月第 1 版　2015 年 10 月第 1 次印刷
定　　价：42.00 元

如发现印装质量问题，影响阅读，请与出版社（020－83795749）联系调换。
售书热线：（020）83795240

# 你也能成为看盘高手（总序）

当上证指数从 2005 年 7 月的 998 点涨到 2007 年 10 月的 6124 点的时候，您有没有把大牛市的丰厚利润收入囊中？

当上证指数又迅速滑落到 2008 年 3 月的 3516 点的时候，您是否捂紧了您的口袋，没把自己整成"打死都不卖"一族？

"不是什么人都可以炒股"，此话一点不假！

有人说，只要挑选绩优股长期持有就可以。果真如此吗？您看到了大蓝筹股"中国平安"在熊市中从 149 元一路狂泄直到 51 元吗？价值投资也不是都那么好玩的。再说中国有哪几只股票有投资价值？平均市盈率高达 30 多倍，也就是说您的投资至少要 30 多年才能收回，您有这种耐心吗？也许 30 多年后您还能见到这只股票就是很幸运了。看一下美国股市、香港股市等的市盈率，它们才十几倍，对比一下就知道我们的股市有多大泡沫。

说到底，我们目前的炒股就是炒个价差。它是一件技术活。连起码的交易技术都没有就扎进股市，那无疑是一场灾难。

在跟很多股民朋友聊天的时候，发现不少人都不知道 K 线为何物。这不能不让我们感叹他们炒股的勇气。2007 年上半年股市的单边上涨助长了炒股的疯狂热情，每天有 30 万户的新股民加入到炒股的行列中，赚钱效应极度膨胀。但天有不测风云，"5·30"后的连续大跌让很多股民半年赚的钱灰飞烟灭，六成以上的股票 3 个月都没有恢复元气。到指数下跌到 3500 多点的时候，很多被套住的股民还死死地攥着股票不放手，连起码的止损概念都没有，不亏损才是怪事。这就是盲目炒股的结果，听消息跟风到底不是炒股的正道。

　　股票的运行轨迹体现在变幻莫测的K线图形、移动平均线、成交量和各种技术指标等上面，如果能从中窥探出股票运行的趋势，无疑就占据了买卖股票的先机。说万无一失有点夸张，但掌握了看盘的技术至少让我们心中有数，不会盲目地买卖股票，也可以很好地把握买卖的时机，尽量不让大牛股擦肩而过，也不会让自己一损再损不可收拾。

　　面对当今剧烈震荡的股市，您最需要什么？需要的当然是生存的技术，也就是股票交易的技术。反映在实际交易中，最大也是最重要的一部分就是看盘！学会了看盘，您就可以在股市自由出入，轻松决胜！

　　本书的目的在于给广大股民"扫盲"，帮助大家认识诡谲变幻的盘面，及时追踪主力的动向，把握绝佳的买卖时点。让您在牛市中把利润最大化，在熊市中稳稳保住利润。

　　本书的主要内容有三个方面：

　　一是K线的识别与运用。我们挑选了近百种典型的K线图形供大家参考，目的是希望大家熟悉K线图形，知道通过分析K线图形研判后市。很多典型K线图形是买卖的信号，只要我们对这些图形了然于胸，自然可以轻松把握买卖时机，避免出现低级失误。K线分析是所有股票技术分析之母，它是进入股票技术分析的敲门砖。为了方便大家学习，我们首先概括出了K线形态的特征和操作要点，然后再用实战图例解读，加深学习印象。

　　二是移动平均线的识别与运用。移动平均线是K线运用的深化。K线的变化体现在移动平均线的变化上，只是移动平均线稍有滞后。很多专家和股民朋友喜欢用移动平均线来研判后市，说明它的有效性。从一定程度上说，K线可以作假，移动平均线则很难作假。因此，移动平均线的运用显得更稳妥些。

　　三是各种技术指标的运用。股票技术分析指标一向是学习的难点。数以百计的技术指标，烦琐的计算公式和运用规则，让人头昏脑涨。为此，我们精选了常用的几种指标，如MACD、KDJ等，尽量减轻学习的负担。

在表述中，概念、计算公式和应用规则尽量简化，主要的篇幅在于实战解析，以便大家在实战中获得感性的认识，而不是记住空洞的教条。指标不能不用，但也不能用死，最好是结合几种指标来研判，避免陷入单一指标的陷阱中。

鉴于本书的篇幅，很多看盘的知识技巧都难以全部收入书中，比如分时线、趋势线等，只有期盼在下一本书中我们再给股民朋友介绍。

这是一本基础内容书，同时也包含很多成功率极高的技巧。虽然常见，但也屡试不爽。相信通过学习您也可以轻松运用，再也不要为如何选、如何获利出局烦恼了。技术分析并不是那么高深，简单的才是最有效的。本书的讲述简单明白，并结合作者多年的成败经验和丰富的图例，让您身临其境，一学就会，学会即可用。一册在手，受益无穷。

最后，祝愿股民朋友在市场中赚到盆满钵满。

老　郭

# 目　录

## 第一章　K线的识别与运用　1

缺乏K线分析的技术指标分析、成交量分析等都是空中楼阁，表面上很华丽很高深，但实际的作用非常有限，说K线分析是技术分析之母一点也不为过。从K线图中，我们可以观察到很多有价值的信息，比如多空双方的力量消长、股票的未来走势、头部和底部的位置，从而决定买卖股票的点。

## 第二章　移动平均线的识别与运用　147

移动平均线是应用非常广泛的一种技术指标。它构造简单，客观公正，不易人为操作骗线，受到很多股票投资者的青睐。移动平均线目的在于取得某一段时期的平均成本，而以此平均成本的移动曲线配合每日收盘价的线路变化，分析某一期间多空的优劣形势，以研判股价的可能变化。

## 第三章  技术指标的分析与运用  201

技术指标不能决定股价的涨跌，恰恰相反，是股价决定了技术指标的走势，这也就是为什么技术指标总是滞后的原因。

要想判断一只股票的中长期走势，基本面分析必不可少；但要想判断一只股票的短期走势，技术分析更为重要。

# 第一章

# K 线的识别与运用

缺乏 K 线分析的技术指标分析、成交量分析等都是空中楼阁，表面上很华丽很高深，但实际的作用非常有限，说 K 线分析是技术分析之母一点也不为过。从 K 线图中，我们可以观察到很多有价值的信息，比如多空双方的力量消长、股票的未来走势、头部和底部的位置，从而决定买卖股票的点。

　　股民朋友在每个交易日打开交易软件，最引人注目的莫过于 K 线了。在行情分析界面里，K 线占据着最大的面积，K 线分析当然也是股票分析中最重要最关键的一个步骤。可能有很多操盘者说他更多的是根据技术指标或成交量来决定买卖股票。但大部分人应该会承认 K 线分析是股票技术分析的基础，缺乏 K 线分析的技术指标分析、成交量分析等都是空中楼阁，表面上很华丽很高深，但实际的作用非常有限，说 K 线分析是技术分析之母一点也不为过。笔者也从来没有听说过哪个操盘者不看 K 线，单纯看技术指标来操作。从 K 线图中，我们可以观察到很多有价值的信息，比如多空双方的力量消长、股票的未来走势、头部和底部的位置，从而决定买卖股票的点。知道汽车的构造和性能，自然能更好地驾驭汽车；反之，可能就会车毁人亡。很多新股民面对着长长短短的 K 线可能会一筹莫展。其实，K 线理论经过百年历史的锤炼已经变得很成熟，只是很多专家讲解得过于理论化，让普通投资者很难掌握。笔者打算从实战入手，作简单的分析和总结，归纳出一些基本的规律供股民朋友参考。股民朋友也可以把这些规律放到实战中去检验，成功率高的可以谨记于心，作为日后操作的判断依据。这样的学习和实战经验丰富以后，你自然就会成为一个熟练的操盘者，至少不会是一个没学过驾驶的驾驶员。即使不能让你财富暴增，但起码也可以避免掉入股市的陷阱中不能自拔。当然我们还是希望读者朋友能从以下的学习中日益成熟，在股市中自如驾驭，把握胜机，让账户里的资金逐渐膨胀起来。

# 第一节　K 线概述

　　K 线图源自于日本，被当时日本米市的商人用来记录米市的行情与价格波动，后因其细腻独到的标画方式而被引入到股市及期货市场。目前，这种图表分析法在我国以至整个东南亚地区都较为流行。由于用这种方法绘制出来的图表形状颇似一根根蜡烛，加上这些蜡烛有黑白之分，因而也叫阴阳线或者蜡烛线。K线图有直观、立体感强、携带信息量大的特点，蕴含着丰富的东方哲学思想，能充分显示股价趋势的强弱、买卖双方力量平衡的变化，预测后市走向较准确，是各类传播媒体、电脑实时分析系统应用较多的技术分析手段。通过K线图，我们能够把每日或某一周期的市况表现完全记录下来，股价经过一段时间的盘档后，在图上即形成一种特殊区域或形态，不同的形态显示出不同意义。我们可以从这些形态的变化中摸索出一些有规律的东西出来。

K线图记录方法如下（如图1-1所示）：

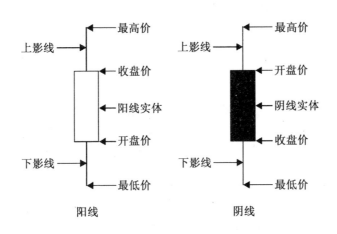

图1-1

（1）日K线是根据股价（指数）一天的走势中形成的四个价位——开盘价、收盘价、最高价、最低价绘制而成的。

收盘价高于开盘价时，则开盘价在下收盘价在上，两者之间的长方柱用红色或空心绘出，称之为阳线，其上影线的最高点为最高价，下影线的最低点为最低价。

收盘价低于开盘价时，则开盘价在上收盘价在下，两者之间的长方柱用蓝色、黑色或实心绘出，称之为阴线，其上影线的最高点为最高价，下

影线的最低点为最低价。

（2）根据 K 线的计算周期可将其分为日 K 线、周 K 线、月 K 线、年 K 线、5 分钟 K 线、15 分钟 K 线、30 分钟 K 线和 60 分钟 K 线。

周 K 线是指以周一的开盘价、周五的收盘价、全周最高价和全周最低价来画的 K 线图；月 K 线则以一个月的第一个交易日的开盘价、最后一个交易日的收盘价和全月最高价与全月最低价来画的 K 线图；同理可以推得年 K 线定义。周 K 线、月 K 线常用于研判中期行情。对于短线操作者来说，众多分析软件提供的 5 分钟 K 线、15 分钟 K 线、30 分钟 K 线和 60 分钟 K 线也具有重要的参考价值。

（3）根据开盘价与收盘价的波动范围，可将 K 线分为小阴、小阳、中阴、中阳、大阴和大阳等线形。它们一般的波动范围如下（如图 1-2 所示）：

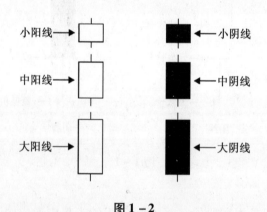

图 1-2

这三种 K 线的波动范围一般为：

小阴线和小阳线的波动范围一般在 0.6%～1.5%；

中阴线和中阳线的波动范围一般在 1.6%～3.5%；

大阴线和大阳线的波动范围在 3.6% 以上。

那么如何看 K 线呢？

## 1. 看阴阳

阴阳代表趋势方向，阳线表示将继续上涨，阴线表示将继续下跌。以阳线为例，在经过一段时间的多空拼搏，收盘高于开盘表明多头占据上风，根据牛顿力学定理，在没有外力作用下价格仍将按原有方向与速度运行，因此阳线预示下一阶段仍将继续上涨，最起码能保证下一阶段初期能惯性上冲。故阳线往往预示着继续上涨，这一点也极为符合技术分析中三大假设之一：股价沿趋势波动。而这种顺势而为也是技术分析最核心的思想。同理可得阴线将继续下跌。

## 2. 看实体大小

实体大小代表内在动力，实体越大，上涨或下跌的趋势越是明显；反之，趋势则不明显。以阳线为例，其实体就是收盘高于开盘的那部分，阳线实体越大说明了上涨的动力越足，就如质量越大与速度越快的物体，其惯性冲力也越大的物理学原理，阳线实体越大代表其内在上涨动力也越大，其上涨的动力将大于实体小的阳线。同理可得阴线实体越大，下跌动力也越足。

## 3. 看影线长短

影线代表转折信号，向一个方向的影线越长，越不利于股价向这个方向变动，即上影线越长，越不利于股价上涨，下影线越长，越不利于股价下跌。以上影线为例，在经过一段时间多空斗争之后，多头终于晚节不保败下阵来，一朝被蛇咬，十年怕井绳，不论 K 线是阴还是阳，上影线部分

已构成下一阶段的上档阻力，股价向下调整的概率居大。同理可得下影线预示着股价向上攻击的概率居大。

# 第二节　单根 K 线的识别与运用

## 1. 大阳线

### ◎ 图形识别

（1）出现很普遍。

（2）阳线的实体较长，有时候略带上影线、下影线。

### ◎ 后市操作要点

一般而言，在上涨刚开始时，出现大阳线后市看涨；在上涨途中出现大阳线，继续看涨；在连续加速上涨行情中出现大阳线，是见顶信号；在下跌途中出现大阳线可能是诱多的陷阱，要谨慎对待；在连续下跌的行情中出现大阳线，有见底回升的意义。阳线实体越长，信号越可靠。

### ◎ 实战解析

【案例1】

如同图 1-3 所示，凤凰光学（现名"﹡ST 光学"）在 2007 年 3 月 19 日上涨超过 7 个点，当日 K 线当属大阳线。该股当日低开高走，多方积极进攻，中间也可能出现多方与空方的激烈对抗，但多方发挥出最大力量，始终占优势，使价格一路上扬，直至收盘。大阳线表现出强烈的涨势，股市呈现高潮，买方疯狂地涌进，不限价买进。而持有股票者，因看到买气的旺盛，不愿抛售，因而出现供不应求的状况，行情呈现一边倒的局势。

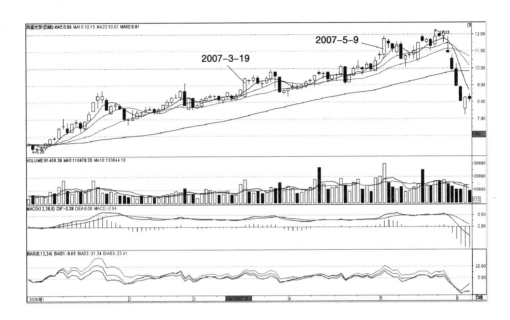

图1-3 凤凰光学（﹡ST光学） 600071

大阳线的实体长度与多方的力度成正比，实体越长，力度越强。但是，单独的大阳线其实对后市没什么特别提示意义，因为它几乎可以在任何情况下出现。凤凰光学2007年3月19日的大阳线是在上升途中出现的，表明该股多方的力量越来越强劲，有加速上涨的意味。该股虽然随后有小幅微调，但股价一直在20日平均线上方运行，上攻强势未改。此后该股又在2007年5月9日收出大阳线，但当日成交量大幅放大，表明该股上涨能量快要耗尽，股价可能要见顶回落了，参与者此时应及时减仓。我们在分析K线时，不仅需要结合股价的整体位置分析，同时也要参考成交量的变化。

【案例2】

如图1-4所示，南玻A在2010年4月21日收出高开的大阳线，基本把前日大阴线的失地收复。按常理来说，这种量价齐升的大阳线是多头强劲的表现，也是投资者追进的好时机，可是该股此后两天小幅挣扎上升后便开始暴跌。

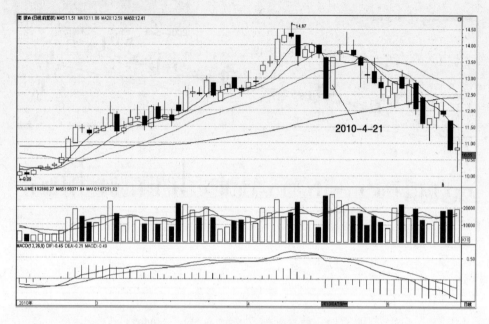

**图 1 – 4　南玻 A　000012**

　　为什么这样的大阳线没有引领一波涨势呢？这就需要我们结合股价的整体位置来研判。该股当时处于下跌的初期，前面的涨幅已经够大，积累了大量的获利盘。主力在股价反转的时候可能都来不及出逃，因此在下跌一段后刻意大幅拉升股票来吸引散户接盘。这种诱多的陷阱我们要时刻警惕。判断的关键就是要看股价的整体位置。

**【案例3】**

　　如图 1 – 5 所示，佛塑股份（现名"佛塑科技"）2009 年 10 月 16 日涨停，一根大阳线突破前期高点，上升空间初步打开，这是一个极好的追涨机会。因为该股前期经过较长时间的震荡整理，蓄势比较充分，如今刚处于上升初期，这样的大阳线是发起攻击的信号，我们岂能错失这样的机会？另外，该股发动进攻时成交量明显放大，这是很好的量价配合形态。

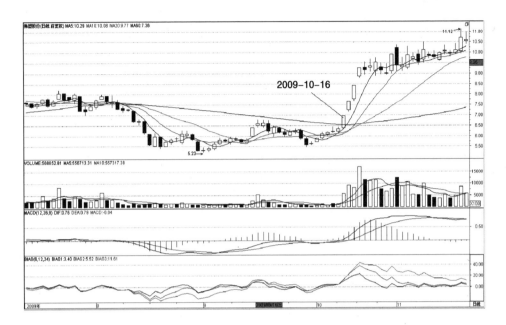

图 1-5　佛塑股份（佛塑科技）　　000973

# 2. 大阴线

## 图形识别

（1）出现很普遍。

（2）阴线实体较长，有时略带上影线、下影线。

## 后市操作要点

一般来说，在上升初期或中期，股价整体涨幅不大的前提下，大阴线很可能是主力凶悍洗盘的结果；在大幅上涨后出现大阴线，是见顶信号，投资者必须清仓出局；在下跌刚开始时出现大阴线，后市看跌；在下跌途中出现大阴线，继续看跌；在连续加速下跌行情中出现大阴线，有空头陷阱之嫌疑，一旦止跌反而是介入的好时机。

◯ 实战解析

【案例1】

如图1-6所示，复星医药在2007年6月1日暴跌，最后收出大阴线。当日一开始空方就占优势，一路打压股价。该股当日几乎是以最高价开盘，以最低价收盘，高开低收导致K线实体很长。实体长，说明该股处于空方的强势掌控中，持股者不限价疯狂地抛出，造成恐慌心理。市场呈一面倒，直到收盘，价格始终下跌，跌势强烈。彼强此弱，买方简直就是毫无招架之功，只好让出自己的阵地。

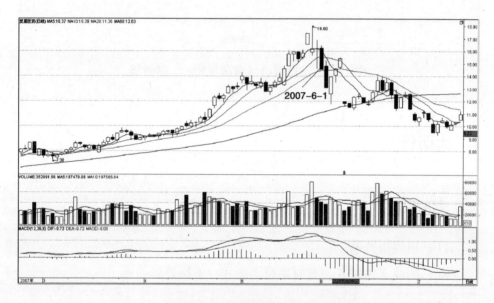

图1-6 复星医药 600196

实体的长度与空方的力度成正比，实体越长，力度越强。与大阳线一样，单独的大阴线其实对后市也没什么提示意义，它也几乎可以在任何情况下出现。本例所示大阴线处于高位反转初期，是加速下跌的信号，后市应该远不止这点跌幅，投资者只能斩仓出局。

**【案例2】**

如图1-7所示，黄山旅游2007年6月28日收出大阴线，股价跌回前高之下，平均线系统也逐渐走坏。可是次日该股即止跌回升，后市更是大幅上涨。这是为什么呢？这与股价的整体位置有关。

该股虽然前期持续上涨，但整体涨幅不大，且没有快速拉升过，后市应该还有潜力。任何股票都不可能一直拉升，途中的回调是难免的，特别是主力为拉升股价而做出洗盘动作的事常有发生。

本例所示的大阴线就属于洗盘动作。当时可能看不明白，但是该股在60日平均线上方止跌回升就能证明前面的下跌是洗盘。从成交量上也可以看出端倪。该股在下跌过程中成交量急剧萎缩，说明持股非常稳定，有洗盘的嫌疑。那么此后我们要做的就是关注止跌信号，一旦信号发出即可进场。

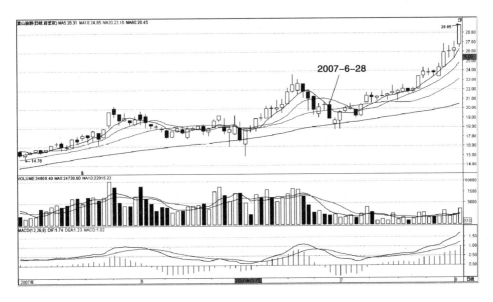

**图1-7　黄山旅游　600054**

## 3．小阳线

### 图形识别

（1）在盘整行情中出现较多，也可在其他行情中出现。

（2）K线实体很小，可略带上影线、下影线。

### 后市操作要点

（1）说明行情不明朗，多空双方小心接触，但多方略占上风。

（2）单根小阳线研判意义不大，应结合其他K线形态一起研判。

### 实战解析

【案例1】

图1-8圆中的K线叫小阳线。单独的小阳线基本没有什么市场含义，最多表明在多空的试探性接触中，多方稍微占据了上风，但前途依然很不明朗，走势向哪个方向发展都有可能。因此，我们需要结合其他图形或技术指标来研判后市。如图1-8所示，圆内有一连串的小阳线，单个看没什么意义，但组合在一起呈轻微向上状，说明多方正在积聚力量，虽然后面有点波动，但还是一路盘升。不过说回来，图1-8中股价随后回调的时候也出现了一些小阳线，这时，你该如何判断股价的发展趋势呢？单看一两根小阳线实在无法作出判断。事实上那些小阳线意味着多方力量还不足以打败空方，所以图中的股价还在继续下滑。不过从长远来看，股价后来一直没有跌破长期平均线（本书下章会具体介绍），长线投资者可以放心持有。

【案例2】

如图1-9所示，方大炭素整体处于下跌走势中，这从下行的长期平

图1-8　北京旅游（北京文化）　　000802

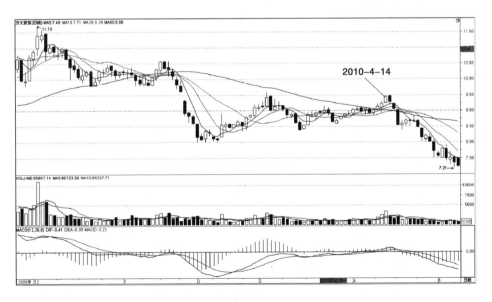

图1-9　方大炭素　600516

均线可以看得很明显。当然长期下跌也不排除有反弹的走势。2010年4月14日前该股连续多日小幅反弹，收出一连串的小阳线。这种小阳线事实上也很难推断出什么市场含义。如果结合大背景看，这几根小阳线说明多头小心翼翼进攻，显然做多的决心不大，这从成交量的低迷也可以看得出。既然多头无心也无力做多，那投资者就需要十分小心反弹行情随时结束。该股随后即反转暴跌，跌幅巨大。这里的小阳线是做多无力的体现。

## 4. 小阴线

### 图形识别

（1）在盘整行情中出现较多，也可在其他行情中出现。

（2）K线实体很小，可略带上影线、下影线。

### 后市操作要点

（1）说明行情不明朗，多空双方小心接触，但空方略占上风。

（2）单根小阴线研判意义不大，应结合其他K线形态一起研判。

### 实战解析

【案例1】

如图1-10所示，武汉塑料（现名"湖北广电"）2009年5月18日收出小阴线，此后连续收出两根小阴线。单独的小阴线跟小阳线一样也没有什么市场含义，只是表明在多空的接触中，空方略微占据上风，走势何去何从仍不明朗。同样，我们也需要结合其他图形或技术指标来研判后市。

本例该股的三根小阴线整体呈略微向下倾斜状，表明空方暂时占优，但实力不足，无法大幅打压股价。此时该股整体趋势向好，这从平均线可以看得很明白。只要股价不跌破重要平均线我们就继续持股。

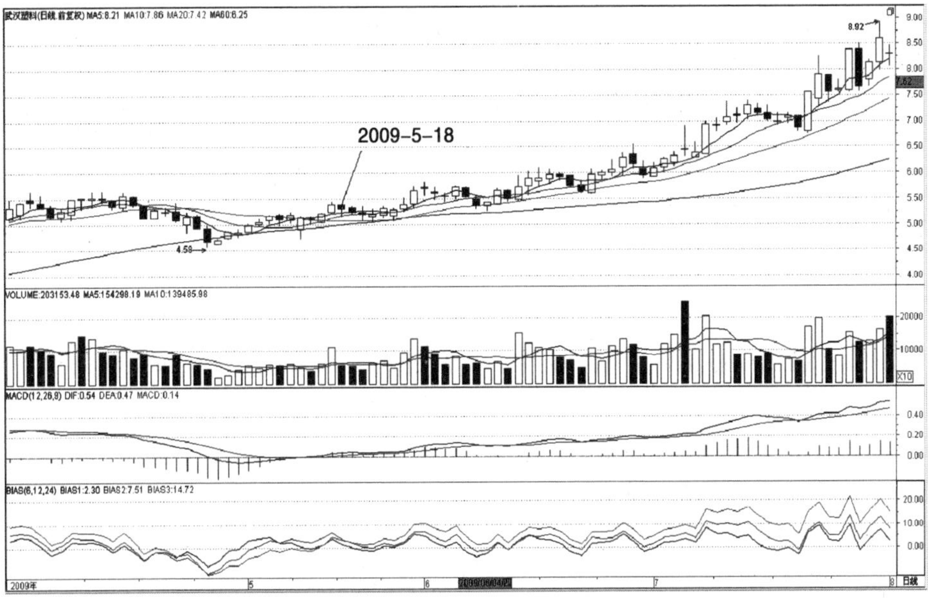

图1-10　武汉塑料（湖北广电）　　000665

**【案例2】**

如图1-11所示，贵州茅台2010年2月26日破位下行，平均线开始呈现明显的空头排列。此后该股连续收出6根小阴线。这些小阴线虽然跌幅不大，但沿着5日平均线缓慢下行，形成明显的下跌趋势，其杀伤力实际上也很大，我们万不可掉以轻心。

市场普遍都认为暴跌并不可怕，就怕阴跌。

阴跌是指小阴线缓慢下跌，没完没了，足以挫败任何坚强的多头。本例该股就是阴跌走势，整个下跌波段跌幅巨大。

**【案例3】**

如图1-12所示，珠海中富（现名"＊ST中富"）在2009年11月6日收出一根小阴线，然后连收两根小星线。此后该股继续上升走势，后市

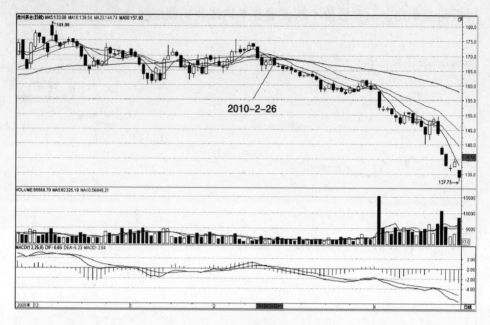

图1-11　贵州茅台　600519

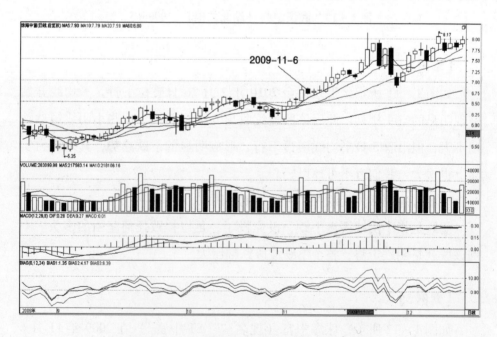

图1-12　珠海中富（*ST中富）　000659

涨幅不小。从本例来看，小阴线事实上没有什么特别的含义。本例整体处于上升趋势，一根小阴线顶多也就说明多头暂时休整，并没有影响整个股价的走势。在大趋势向好的背景下，小阴线往往成为很好的介入机会，我们可以密切关注止跌信号，及时跟进。

# 5. 十字线

## ◎ 图形识别

（1）出现较普遍。

（2）开盘价、收盘价接近，上下影线可长可短，但市场含义略有不同。

## ◎ 后市操作要点

（1）在上涨趋势末端出现，是见顶信号；在下跌趋势末端出现，是见底信号。

（2）在上涨途中出现，继续看涨；在下跌途中出现，继续看跌。

（3）长影线的十字线信号更可靠，经常被用来判断顶、底。

## ◎ 实战解析

【案例1】

如图1-13所示，龙头股份在一波加速上涨后，出现滞涨，股价在高位徘徊。2009年11月10日出现了一根十字线，说明多方力量已经无力再推升股价了，空头在此显露出强劲的实力，如果有成交量的明显放大则更可证明这一点。此后该股横盘一段后迅速破位下跌。2009年12月3日该股在小幅反弹后再度出现一根十字线，空头又一次现身，反弹结束，后市继续下跌。

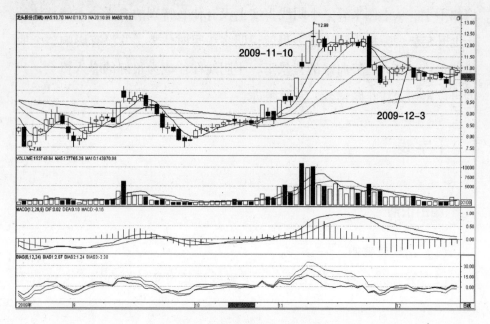

**图1-13　龙头股份　600630**

本例的两根十字线都是见顶信号，第一根出现在股价大幅上升之后，见顶回落是自然的。第二根则是在下跌初期的反弹浪中出现，后市继续下跌也是可以预见的。十字线经常充当分水岭的角色，我们需要注意。

**【案例2】**

我们再来看一个十字线的典型案例。如图1-14所示，烟台冰轮2007年5月29日收出一根十字线，次日跳空下行，股价就此见顶回落。这根十字线是标准的见顶信号。

也许很多投资者想不太明白，因为该股前日刚大阳线突破前高，上升空间再度打开，怎么戛然而止呢？这就是股市的凶险所在。鉴于此前突破前高的强劲走势，估计大部分人都认可后市还会继续上涨，追进也无可厚非。但是次日收出十字线的时候我们就要十分小心，因为这是多空激烈交战的结果，盘中多空都有强势的表现，虽然最后收平，好像波澜不惊，事

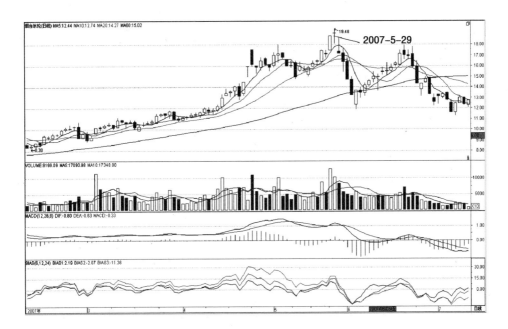

图 1 - 14 烟台冰轮 000811

实上隐藏着巨大的隐患。当然我们还不能过早下结论，需要后市进一步验证。次日该股跳空下跌则完全可以证明此前的突破是诱多的陷阱，投资者只能无条件纠正错误了。

**【案例3】**

我们再来看一个长十字线的典型案例。如图 1 - 15 所示，天润发展（现名"天润控股"）2010 年 1 月 13 日收出一根长十字线，同时成交量显著放大，说明做多能量已经达到极限，股价很有可能阶段性见顶了，此时投资者应该保持足够的警惕。

该股随后跳空下跌，顶部基本确认，投资者应该清仓观望。此后该股果然开始大幅回落，直到 60 日平均线附近才止跌回升。

长十字线比一般的十字线更能说明多空交战的惨烈，虽然暂时没有分出胜负，但后市一旦选择了方向，其威力必定不小。

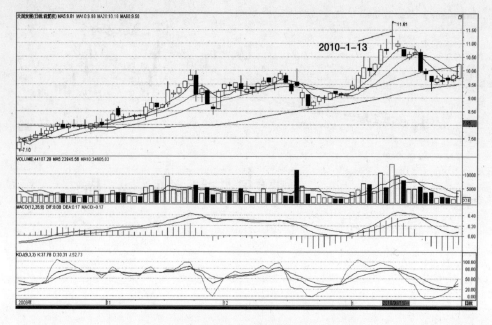

图 1-15　天润发展（天润控股）　　002113

# 6．一字线

（1）出现不难见。

（2）开盘价、收盘价、最高价、最低价几乎相同，成为"一"字。

（1）在上涨趋势中出现，是买进信号；在下跌趋势中出现，是卖出信号。

（2）在涨跌停板制度下，一字线有特别意义。涨势中出现一字线，表示股价封在涨停价上，说明多头气盛，日后该股往往会变成强势股；跌势

20

中出现一字线，表示股价封在跌停价上，说明空头力量极其强大，此后该股往往会变成弱势股。

## ◎ 实战解析

### 【案例1】

如图1－16所示，古井贡酒2007年6月21日开盘封于涨停，当日收出一字线。它的开盘价、收盘价、最高价、最低价在同一价位。一字线本来是说明交易非常冷清，全日交易只有一档价位成交。冷门股较易发生此类情形。但图1－16中的一字线显然不是这个含义。该股当日开盘就封住涨停，说明多方占据绝对优势，空方没有丝毫抵抗。一般情况下，上升趋势中出现一字线，有机会的话可以追涨，因为空方此时已经被完全击溃，后市自然还会惯性上涨。本例该股此后就是继续涨停，涨幅让人叹为观止。

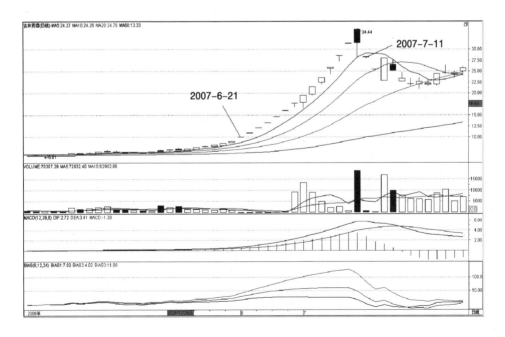

图1－16　古井贡酒　000596

**【案例2】**

如图1-17所示，国兴地产2010年2月25日跳高一字涨停，当日走势强势之极。但是次日该股即形成反转态势，此后更是一路下滑，跌幅巨大。由此可见这根一字线是个典型的诱多陷阱。该股一字线后次日高开低走，同时爆出巨量，这显然是主力出货的表现，此时不走更待何时？

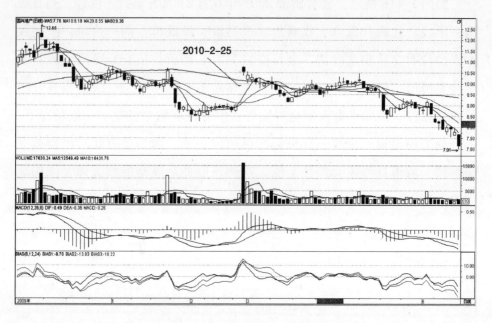

图1-17　国兴地产　　000838

**【案例3】**

如图1-18所示，经纬纺机2010年1月27复牌，很不幸开盘即封住跌停板，形成一根一字线。这根一字线跟我们前面例子中的一字线完全相反。前面讲的都是涨停一字线，属于非常强势的类型。而跌停一字线则是极度弱势的类型，后市通常还有更大下跌空间。本例该股次日就是再次跌停，后市继续大跌。由此可见跌停一字线是我们排队卖出股票的信号，尽早卖出，尽量减少损失。

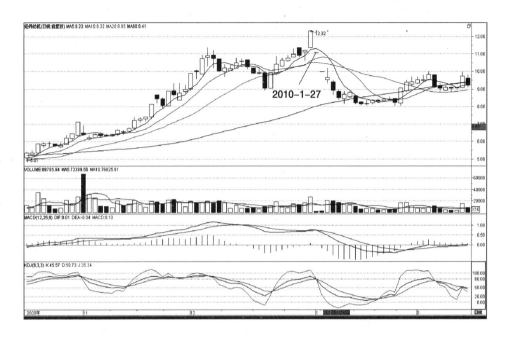

图1-18　经纬纺机　000666

# 7. 螺旋桨

### 📌 图形识别

（1）既可出现在涨势中，也可出现在跌势中。

（2）开盘价、收盘价相近，K线实体（可阳可阴）很小，但最高价与最低价拉得很开，因此上下影线都很长。

### 📌 后市操作要点

（1）在涨势中出现，后市看跌。

（2）在下跌途中出现，继续看跌。

（3）在连续加速下跌行情中出现，有见底回升的意义。

（4）转势信号比长十字线更强。

○ **实战解析**

【案例1】

螺旋桨本身表明的是多空双方势均力敌，不分上下，最后的收盘价和开盘价相近。但在K线图中螺旋桨代表的含义还是有所偏重。如图1-19所示，在两个椭圆中分别有一根螺旋桨，一阳一阴，但股价发展的结果是一样的，就是继续下跌，这说明在下跌途中的螺旋桨有助跌的作用。因此，投资者见到下跌途中的螺旋桨时还是回避为妙。

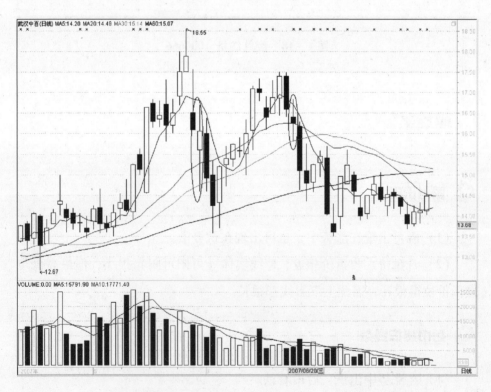

图1-19　武汉中百（中百集团）　000759

**【案例2】**

如图1-20所示，在椭圆中也有一根螺旋桨，它是在股价大幅下跌后出现的。说明股价可能已经到了阶段性底部，即将反弹，而且其实体是阳线更加强了这一信号。此后该股有一波不小的反弹，投资者应该好好把握这种大跌后的反弹，逢高再减仓。

图1-20　华神集团　000790

**【案例3】**

如图1-21所示，豫光金铅2009年9月7日大幅高开，但是盘中股价剧烈震荡，多空双方都有强势表现，以致最后收出一根带有较长上下影线的实体很小的K线，我们称之为螺旋桨。很难通过这种K线确认多空谁占优，双方实力相差无几。要判断后市走势更多要依据股价的整体走势。如果股价处于上升初期，则应还有上涨空间；如果是下跌途中，则只是一个

下跌的中继平台。本例该股在收出螺旋桨后大举上攻，股价创出新高，说明后市还有上升空间，可以积极跟进。

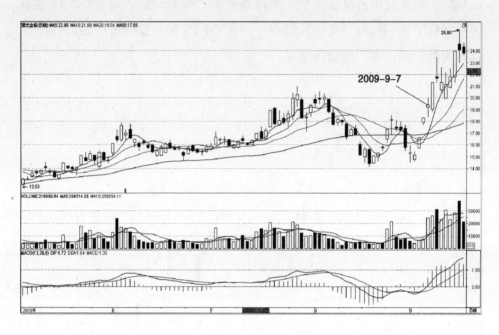

图 1 - 21　豫光金铅　600531

# 8. T 字线

🎯 **图形识别**

　　开盘价、收盘价、最高价粘连在一起，成为"一"字，但最低价与之有相当距离，因而在 K 线上留下一根下影线，构成"T"字状图形。也有市场人士称 T 字线为"蜻蜓"。

🎯 **后市操作要点**

　　（1）在上涨趋势末端出现，为卖出信号。

（2）在下跌趋势末端出现，为买进信号。

（3）在上涨途中出现，继续看涨；在下跌途中出现，继续看跌。

（4）T字线下影线越长，力度越大，信号越可靠。

◎ **实战解析**

**【案例1】**

如图 1 - 22 所示，＊ST宝龙（现名"赤峰黄金"）于 2010 年 3 月 1 日收出一根 T 字线。它表明该股当日涨停开盘，此后空方一度占据优势，股价下探很深，但最后多头彻底消灭空头，牢牢封住涨停。既然多头依然占据优势地位，后市理应还会继续上涨。当然这也不能忽略股价的整体位置，如果涨幅过大，则随时有见顶危险。不过本例 T 字线出现时股价处于相对低位，且刚突破前高，后市应该有较大上升空间。

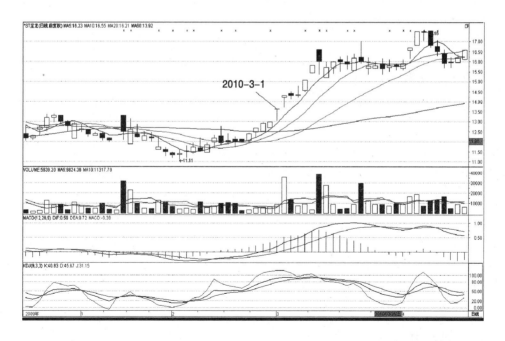

图 1 - 22　＊ST 宝龙（赤峰黄金）　600988

**【案例2】**

如图1－23所示，北矿磁材2010年3月3日收出一根T字线，次日却高开低走，收出大阴线，形成阶段性顶部。这根T字线有提前预示顶部的作用。当然这有点马后炮的意思，不过我们做个整体研判就会明白。3月3日之前该股已经有2个涨停，到T字线涨停时短线涨幅已经非常之大，获利盘出逃的冲动应很强烈。只是它还能封住涨停，说明多头暂时还占据优势，我们依然可以持股。次日该股高开低走收出大阴线，顶部特征明显，我们可以在盘中及时出局，不能再那么贪婪了。

图1－23　北矿磁材　600980

## 9. 倒T字线

**图形识别**

开盘价、收盘价、最低价粘连在一起，成为"一"字，但最高价与之有相当距离，因而在 K 线上留下一根上影线，构成倒"T"字状图形。

## ◎ 后市操作要点

（1）在上涨趋势末端出现，为卖出信号；在下跌趋势末端出现，为买进信号。

（2）在上涨途中出现，继续看涨；在下跌途中出现，继续看跌。

（3）倒 T 字线上影线越长，力度越大，信号越可靠。

（4）在上升趋势中出现的倒 T 字线，称为上档倒 T 字线，又称下跌转折线。

## ◎ 实战解析

**【案例1】**

如图 1 - 24 所示，国金证券在 2010 年 4 月 20 日收出倒 T 字线。它表明当日多方一度占据优势，股价上摸很高，但最后多空双方势均力敌，收

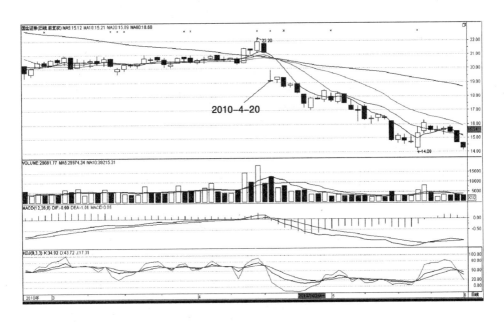

图 1 - 24 国金证券 600109

盘价与开盘价几乎一样，且是最低价。最后的结果是空头完全掌控局势，多头则全线崩溃，此时投资者只能排队割肉出局了。该股后市果然大幅下跌，如果没能及时出局会损失惨重。

**【案例2】**

如图1-25所示，双良节能前期逐浪上升，涨幅已经很大。2010年4月26日该股收出一根倒T字线。它说明虽然盘中多头曾经大幅拉升，但遭到空头强力阻击，最后把多头打回原形。虽然多空暂时取得了平衡，但已经留下了隐患了，空头已经有反击的冲动。本例该股次日跳空下跌，阶段性顶部基本成立，投资者只能趁早离场了。

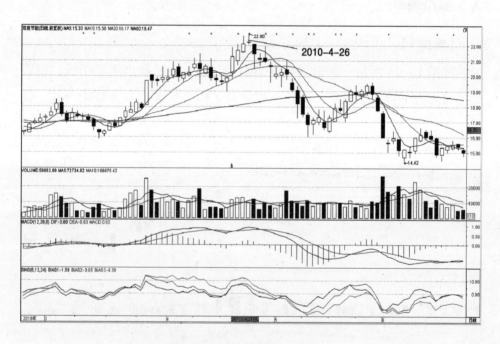

图1-25　双良节能　600481

## 10. 倒锤头线

### ◎ 图形识别

（1）出现在下跌途中。

（2）K线实体很小，上影线是实体的2倍以上。

（3）一般无下影线，少数会略有一点下影线。

### ◎ 后市操作要点

（1）大幅下跌后是见底信号，后市看涨。下跌途中则只是下跌中继。

（2）实体与上影线比例越悬殊，信号越有参考价值。如倒锤头与早晨之星同时出现，见底信号就更加可靠。

### ◎ 实战解析

**【案例1】**

如图1-26所示，ST方大（现名"方大炭素"）在一波下跌过程中，出现一根实体很小的小阳线，没有下影线，但有一根长长的上影线，我们称之为倒锤头线（椭圆内图形），它表明股价暂时止跌，股价可能见底回升，与此同时，成交量也大幅放大，说明人气旺盛。次日出现一根中阳线，形成一个早晨之星的组合图形，升势得到确认，投资者可以积极跟进做多，不要错过机会。

**【案例2】**

如图1-27所示，美都控股（现名"美都能源"）在2010年4月28日收出一根倒锤头线，但此后该股继续大幅下跌。为什么本例这根倒锤头线没有成为止跌的信号呢？只因为两者出现的背景不同。本例该股处于下跌初期，倒锤头线反而显出上攻无力，后市只能继续下跌以释放做空能量。

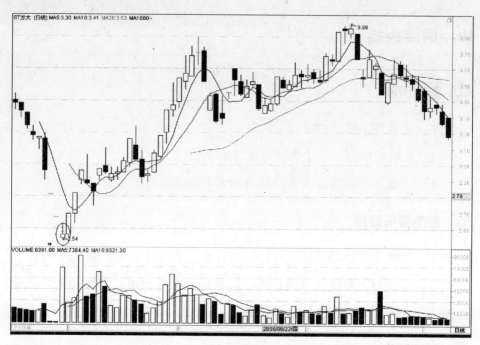

图1-26 ST方大（方大炭素） 600516

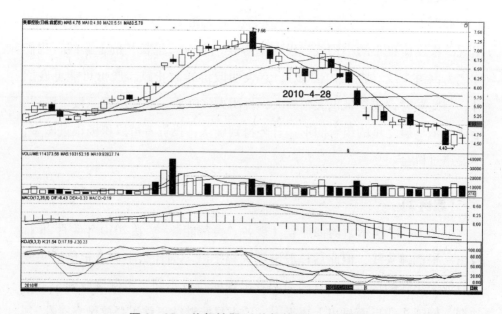

图1-27 美都控股（美都能源） 600175

## 11. 锤头线

### 图形识别

（1）出现在下跌过程中。

（2）K线实体很小，下影线大于或等于实体的2倍。

（3）一般无上影线，少数会略有一点上影线。

### 后市操作要点

（1）出现在大幅下跌后是见底信号，后市看涨。

（2）锤头实体与下影线比例越悬殊，越有参考价值。如锤头线与早晨之星同时出现，见底信号就更加可靠。

### 实战解析

【案例1】

如图1-28所示，深赤湾A前期大幅回调，某日出现一根锤头线（椭圆内图形），此后股价止跌回升，伴随着成交量的逐步放大，展开了一波升势。这说明大幅下跌后的锤头线预示着股价极有可能反转。当然，这还要具体看看锤头的实体大小、下影线的长短、股价下跌的时间和幅度，以及锤头线是阳线还是阴线，再作评判。一般来说，锤头实体越小，下影线越长，止跌作用就越明显；股价下跌时间越长，幅度越大，见底信号越明确；阳线锤头的力度大于阴线锤头。因此，投资者在下跌行情中见到锤头线，可以尝试适量介入，特别是遇到成交量同时逐步放大的，更可大胆买入。

【案例2】

如图1-29所示，中牧股份前期大幅上扬，突然在高位拉出一根实体

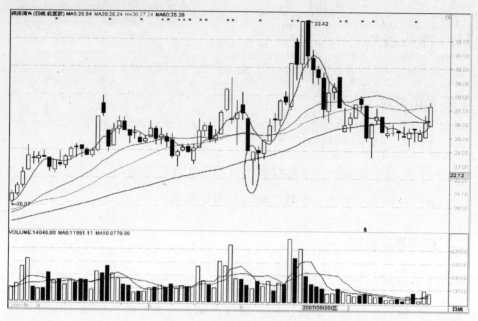

图1-28　深赤湾A　000022

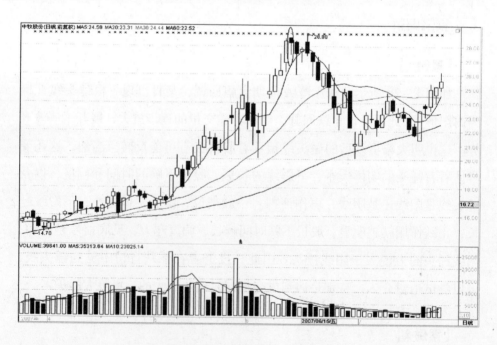

图1-29　中牧股份　600195

很小但下影线很长的K线，这样的高位锤头线我们称之为吊颈线（椭圆内图形）。它表明多方上攻的力量已经接近极限，有点强弩之末的味道。特别是本图椭圆内的吊颈线是一根小阴线，更增添了几分风险。投资者见此图形最好提高警惕，及时减仓。此后该股股价反转，一路下跌。因此，投资者见到吊颈线，特别是阴线的吊颈线，应立刻做减仓处理，如果日后其他指标也走坏，可坚决卖出全部股票。

## 12. 射击之星

### 图形识别

（1）出现在上涨趋势中。

（2）阳线（亦可以是阴线）实体很小，上影线大于或等于实体的2倍。

（3）一般没有下影线，少数会略有一点下影线。

### 后市操作要点

（1）见顶信号，后市看跌。

（2）实体与上影线比例越悬殊，信号越有参考价值。如射击之星与黄昏之星同时出现，见顶信号就更加可靠。

### 实战解析

【案例1】

如图1-30所示，永安林业在经过一段较大升幅后于2010年3月3日收出一根射击之星，当日高开高走，不断上摸新高，但好景不长，开盘1小时后遭遇到空方的强劲打压，勉强支撑到收盘，成了一根实体很短的小

阴线。它表明股价经过大幅上升后，做多能量已经发挥到极限，因此股价虽然一度上摸高点，但到收盘时已经打回到接近开盘价了，可谓原形毕露。投资者见此图形应该配合其他指标，及时减仓，规避风险，免得被霉气扫中。该股在出现射击之星之后，节节败退，跌幅不小。

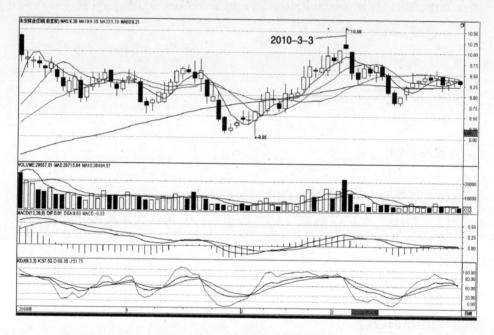

图1-30  永安林业  000663

【案例2】

如图1-31所示，广汇股份（现名"广汇能源"）前期大幅上升。2010年5月31日该股收出一根射击之星。说明上档有较大压力，上升受阻，投资者应该小心。次日该股跳空下行，基本可以确认阶段性见顶，此时投资者应及时撤退了。该股后市的走势也如期逐浪下跌，跌幅较大。

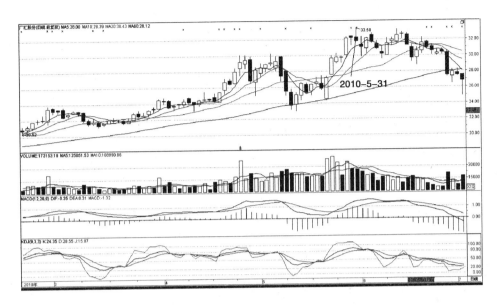

图1-31　广汇股份（广汇能源）　　600256

# 第三节　K线组合图形的运用

## 1. 早晨十字星

### 图形识别

（1）出现在连续下跌过程之后，跌幅比较大。

（2）由三根K线组成，第一根是阴线，第二根是十字线，第三根是阳线，最好是跳空高开的阳线。第三根K线实体深入到第一根阴K线实体之内，甚至已经完全吞没了它。

### 后市操作要点

大幅下跌后是见底信号，后市看涨。

◯ 实战解析

【案例1】

如图 1-32 所示，信雅达 2009 年 11 月 26 日收出一根中阴线，次日跳空低开收出一根十字线，第三天却跳空高开收出中阳线，且第三根 K 线的实体已经深入到第一根阴线的实体中间，我们称这样的 K 线图形组合为"早晨十字星"。该股整体处于上升趋势中，短暂回调后走出早晨十字星说明回调到位，投资者可以积极买进。具体而言，第三根阳线的实体深入的位置越高，说明多方反击的力度越大，股价上扬的速度也会越快。投资者见此信号，可以结合其他技术指标，考虑适量参与做多。该股后市在成交量放大的配合下，逐浪攀升，涨幅较大。

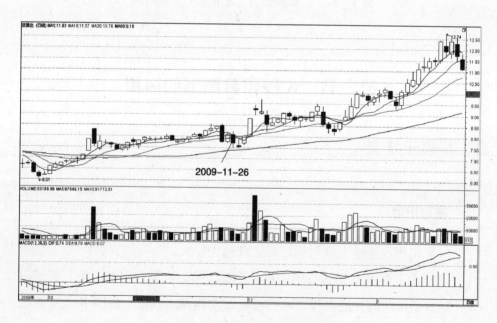

图 1-32　信雅达　600571

【案例2】

如图 1-33 所示，＊ST 玉源（现名"金谷源"）自 2010 年 2 月 8 日开始走出一个岛形反转形态，也即我们所说的早晨十字星，此后股价一路上升，反弹幅度不小。本例的早晨十字星发生在股价已经大幅下跌的背景下，做空动能得到极大释放，因此这里的早晨十字星是一个非常可靠的反转信号，我们可以积极参与。

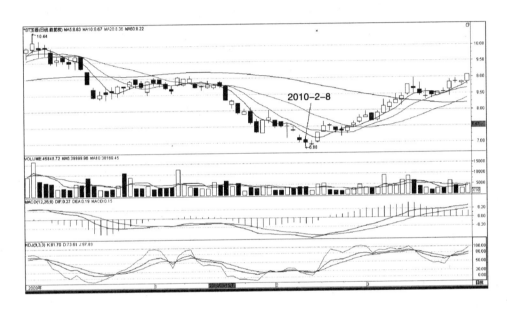

图 1-33   *ST 玉源（金谷源）     000408

## 2. 早晨之星

◎ **图形识别**

　　和早晨十字星相似，区别在于早晨十字星的第二根 K 线是十字线，而早晨之星的第二根 K 线是小阴线或小阳线。

◎ **后市操作要点**

　　（1）见底信号，后市看涨。

（2）信号不如早晨十字星强。

## 实战解析

【案例1】

早晨之星与早晨十字星的市场含义没什么两样，同样是代表股价经过下跌后筑底反弹。第三根阳线表明了强烈的回升意愿，长度越长，反弹力度越大。如图1-34所示，中卫国脉（现名"号百控股"）2010年6月30日跌停，次日继续跳空下跌，但跌幅不大，收出小阴线，第三天跳空上行收出大阳线，三根K线组合成典型的早晨之星，它表明前期的下跌趋势得到逆转，投资者可以趁机介入。后市该股股价一路飙升，成为当时万众瞩目的大牛股。当然，该股后市飙涨不能归功于早晨之星，但形成反转之势却是很明显。

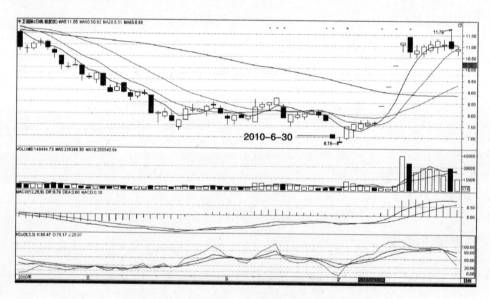

图1-34　中卫国脉（号百控股）　　600640

【案例2】

如图1-35所示，外高桥反弹结束后再度下跌。2010年4月19日该股收出大阴线，次日跳空开盘，但收出小阳线，第三天跳空上行收出中阳线。三根K线组成早晨之星的图像，看似股价反转，可以参与，但该股此后只是小幅反弹，随后更是暴跌。为什么此处的早晨之星如此之弱呢？只因为该股处于下跌初期，即便是早晨之星也无力改变股价的整体走势，随后继续下跌是大势所趋。

图1-35　外高桥　600648

## 3. 好友反攻

⊙ **图形识别**

（1）出现在下跌行情中。

（2）由一阴一阳两根K线组成。

（3）先是一根大阴线，接着跳低开盘，结果收了一根中阳线或大阳

线，并且收在前一根 K 线收盘价相同或相近的位置上。

### ◎ 后市操作要点

（1）见底信号，后市看涨。

（2）转势信号不如曙光初现强。

### ◎ 实战解析

【案例1】

如图 1-36 所示，金种子酒 2010 年 5 月 20 日收出一根中阴线，次日大幅跳空低开，股价一路上攻，最后形成一根中阳线，它的收盘价与前日的收盘价相同或相近。我们称这种 K 线组合图形为好友反攻。跳空低开本来是说明空方继前日继续强力打压，但没想到在此遭遇到多方的当头一棒，大概还在晕头转向之际，多方已经收复了大片失地。好友反攻是见底回升

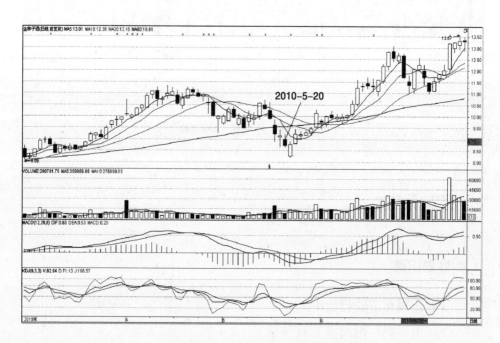

**图 1-36　金种子酒　600199**

信号，提示投资者不要再盲目割肉斩仓，特别是在成交量有效放大的情况下，激进的投资者甚至可以少量介入。不过好友反攻预示的回升的可靠性还不是很高，介入还需要结合其他技术指标和后市表现来确认。

**【案例2】**

如图1-37所示，酒鬼酒（现名"*ST酒鬼"）前期大幅下跌。2010年5月21日该股低开高走，至收盘股价已经接近前日阴线的收盘价，与前日K线形成好友反攻组合。好友反攻的关键就是阳线的收盘价接近前日阴线的收盘价，这说明多头已经开始反击，但力量不够强大，后市走势还需观察，不宜盲目跟进。本例该股次日继续上升，股价超过阴线开盘价，此时基本可以确认反弹开始，投资者可以适当参与。

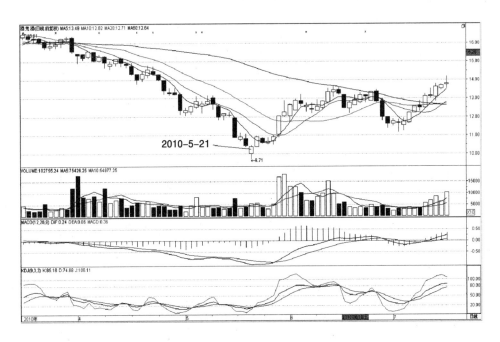

**图1-37 酒鬼酒（*ST酒鬼） 000799**

## 4. 曙光初现

**图形识别**

（1）出现在下跌趋势中。

（2）由一阴一阳两根 K 线组成。

（3）先是一根大阴线或中阴线，接着出现一根大阳线或中阳线，阳线的实体深入到阴线实体的1/2以上处。

**后市操作要点**

（1）见底信号，后市看涨。

（2）阳线实体深入阴线实体的部分越多，转势信号越强。

**实战解析**

【案例1】

如图 1-38 所示，中国国旅在连续下滑过程中，于 2010 年 5 月 20 日出现了一根中阴线，次日却低开高走收出了一根中阳线，其实体深入到前一根阴线的1/2以上处。我们称这样的 K 线组合图形为曙光初现。这个组合图形说明多方在积极组织力量反攻，已经打入敌方的腹地。这通常是见底回升的信号，投资者可以结合其他技术指标适当介入。该股此后在成交量的配合下逐步攀升，涨幅不小。

【案例2】

并不是所有的曙光初现都是切入时机。如图 1-39 所示，中天城投在 2010 年 5 月 5 日低开高走收出中阳线，与前日阴线形成曙光初现的组合。

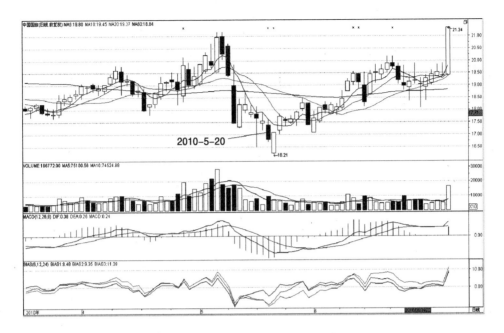

图1-38 中国国旅 601888

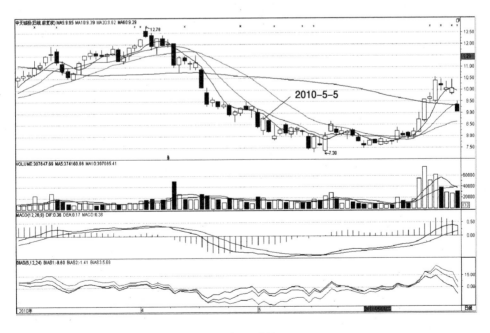

图1-39 中天城投 000540

可是该股此后并没有形成有效反弹，股价持续创出新低，如果盲目过早介入，损失显然很大。因此，即使是曙光初现这样较为强势的反转信号，也需要后市进一步确认。

本例该股在走出曙光初现后次日即低开低走，把前日反弹成果吞没，说明空头还有下跌动能，此时就不宜介入。

# 5. 旭日东升

## 图形识别

（1）出现在下跌趋势中。

（2）由一阴一阳两根K线组成。

（3）先是一根大阴线或中阴线，接着出现一根高开的大阳线或中阳线，阳线的收盘价已高于前一根阴线的开盘价。

## 后市操作要点

（1）见底信号，后市看涨。

（2）信号强于曙光初现。

（3）阳线实体深入阴线实体部分越多，转势信号越强。

## 实战解析

【案例1】

如图1-40所示，冀东水泥股价在2010年7月1日收出一根中阴线，次日股价高开高走，收出一根中阳线，两根K线形成一个旭日东升的组合图形。它表明前期空方的力量已经衰微，多方轻而易举就攻克了空方的阵地，把空方稳稳地踩在脚下。既然多头已经占据明显优势，后市应该还会继续上涨，投资者可以积极参与。旭日东升是较好的反转向上信号，如果发生在股价已经大幅下跌的背景下则更可靠。

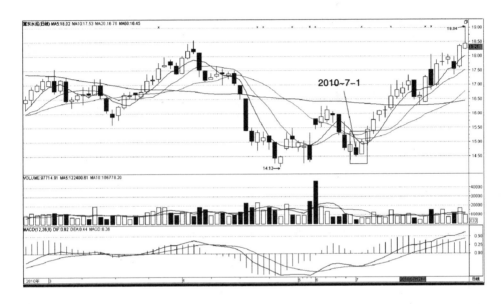

图1-40 冀东水泥 000401

本例在旭日东升出现时股价已经大幅下跌，在一个位置获得明显支撑，此时出现旭日东升无疑是反转上行的信号，投资者可以积极买入。该股后市的走势也果然没让人失望。

【案例2】

如图1-41所示，国统股份经过两波快速下跌后，跌幅已经不小。2010年5月12日该股收出小阴线，次日高开高走收阳，两根K线形成旭日东升的形态。这是股价反转上行的标志，投资者可适当参与。那根阳线实体较小，多头的力量还有所欠缺，后市反弹还需要增强力量，但既然已经形成了反转之势，至少可以少量参与。

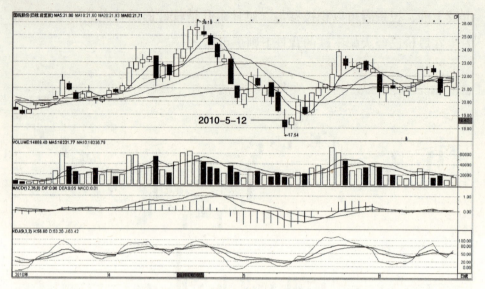

图 1－41　国统股份　002205

# 6．平底

## 图形识别

（1）在下跌过程中出现。

（2）由两根或两根以上的 K 线组成。

（3）最低价处在同一水平位置上。

## 后市操作要点

见底信号，后市看涨。

## 实战解析

【案例 1】

如图 1－42 所示，北新建材前期大幅下跌，2010 年 4 月 20 日后出现两根最低价几乎相同的 K 线，我们称这样的 K 线组合图形为平底。它是见底回升信号，投资者见此信号可以适当介入。两根 K 线的最低价几乎相同，说明空方的力量几乎衰竭，再也无力向下打压股价。

　　该股此后并没有就此回升，横盘几日后再度大幅下跌，关键的原因是该股当时还处于破位下跌的初期，平底筑底失败是可以理解的。直到 2010 年 5 月 17 日该股再度出现一个平底，此时跌幅已大，后市反弹可期。由此可见平底的可靠性与下跌幅度有密切关系，下跌的幅度越大，见底回升的可能性也越大。

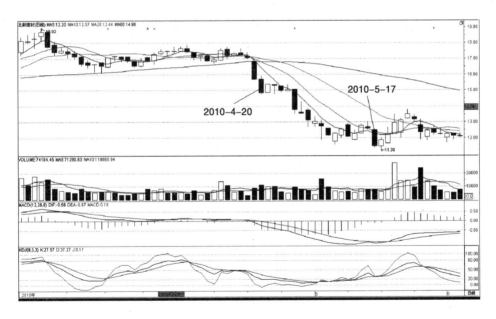

图 1−42　　北新建材　　000786

【案例2】

　　如图 1−43 所示，中联重科前期大幅下跌。2010 年 5 月 17 日该股收出一根大阴线，次日平开高走，最后收出一根大阳线，股价已经超过前日阴线开盘价，前后两根 K 线构成了平底。这表明股价在此位置获得了市场的认可，逢低买入盘阻止了股价的继续下跌，我们可以适当介入。该股此后

果然有个较大反弹。这个反弹能抢的原因主要是前期跌幅巨大，股价明显超跌，如今形成平底自然是一个很好的参与机会。

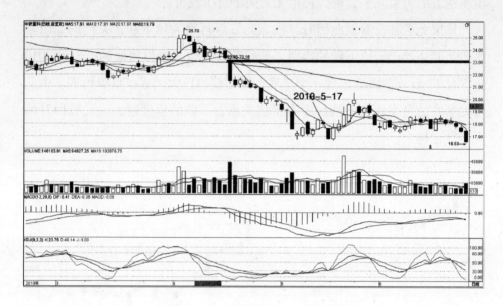

图 1 – 43　中联重科　　000157

## 7. 塔形底

### 图形识别

（1）出现在下跌过程中。

（2）先是一根大阴线或中阴线，后为一连串的小阴小阳线，最后出现一根大阳线或中阳线。

### 后市操作要点

（1）见底信号，后市看涨。

（2）转势信号不是特别强。

◯ 实战解析

【案例1】

如图1-44所示，＊ST锦化（现名"方大化工"）在一波下跌行情后，于2010年2月1日出现了一根大阴线，然后又出现了4根几乎平行的小阴线、小阳线，构成了一个塔形底，表明在此位置有较强支撑，我们可以关注反转信号。果然，随后该股突然拉出一根大阳线，开始了大幅反弹之旅。

塔形底表明经过前期的下跌和盘整，做空的能量已经得到充分的释放，多方开始了反攻。投资者见此图形可以适量介入。

图1-44　＊ST锦化（方大化工）　　000818

【案例2】

如图1-45所示，海印股份从一个横盘平台破位下跌，股价迅速下探。2010年5月17日该股收出一根大阴线，看似跌势依然凶猛，不过此后连续收出三根小阳线，呈平行走势，这是支撑的表现，后市有望反弹。第五天

该股跳空收阳，与前面几根 K 线一同形成一个塔形底，这是股价反转向上的标志，投资者可以积极参与。

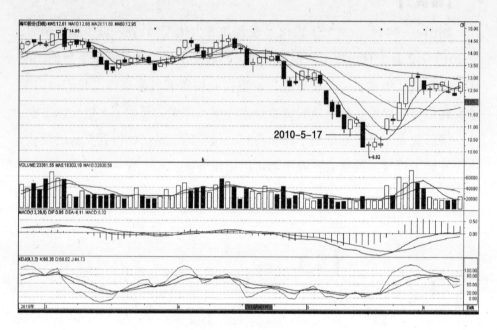

图 1-45　海印股份　000861

## 8．低位并排阳线

**图形识别**

（1）出现在下跌趋势中。

（2）由两根阳线组成，最低价几乎相同。

（3）第一根阳线跳空低开，后面一根阳线与第一根阳线并肩而立。

**后市操作要点**

股价已经大幅下跌后是见底信号，后市看涨。

◎ **实战解析**

**【案例1】**

如图 1－46 所示，伟星股份前期大幅下挫，然后在相对低位宽幅震荡。
2010 年 7 月 5 日该股收出一根光脚小阳线。次日该股在前日开盘价附近低
开，然后大幅上涨，最后收出中阴线。这两根最低价相同的阳线就是我们
所说的低位并排阳线，类似于平底。它表明经过大幅下挫之后，空方已经
无力再打压股价，股价在此位置获得了市场的认可，支撑明显。投资者见
此图形可以考虑适量介入。该股在出现"低位并排阳线"后，股价有一波
不小的反弹。

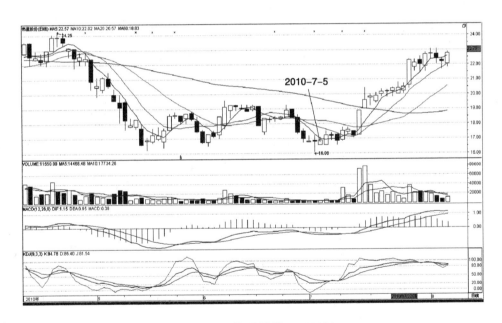

**图 1－46　伟星股份　002003**

**【案例2】**

如图 1－47 所示，力合股份在 2010 年 5 月 5 日和 2010 年 7 月 2 日两次出
现并排阳线，第一次出现并排阳线后继续下跌，第二次出现后则开始缓慢攀

升。为什么有这样截然不同的结果呢？因为发生的位置不同，结果自然也不同。第一次发生在下跌初期，下跌动能还没有完全释放，因此反弹难以持续，继续下跌是情理之中的事。第二次则是股价已经大幅下跌，此时出现并排阳线则是支撑的表现，后市很可能就此反弹，此时才可以适当参与。

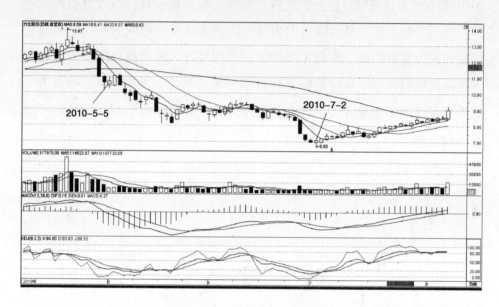

图1-47　力合股份　000532

## 9. 低档五阳线

⊙ 图形识别

（1）出现在下跌行情中。

（2）连续拉出五根阳线，多为小阳线。虽然股价上涨，但幅度很小。

⊙ 后市操作要点

（1）见底信号，后市看涨。

（2）低档五阳线不一定只是五根阳线，有时也可能是六根或七根阳线。

**实战解析**

**【案例1】**

如图1-48所示，桐君阁在较大幅度下跌之后，连续出现了五根阳线，我们称这样的K线组合图形为低档五阳线。它表明股价在此受到了强劲支撑，多方吸纳明显。此后股价稳步上扬，涨幅不小。一般我们把低档五阳线当作底部信号，投资者可以逢低吸纳。

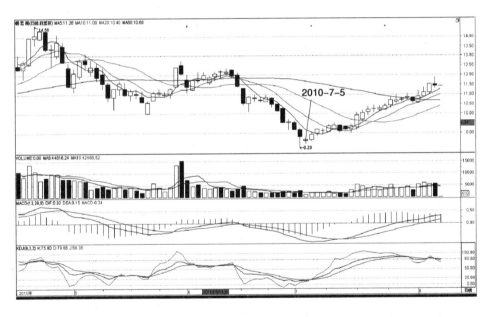

图1-48　桐君阁　000591

**【案例2】**

如图1-49所示，渝三峡A前期大幅下跌，2010年6月1日该股收出一根小十字线，此后连续收出5根小阳线，整体涨幅并不大。这种低档的五阳线通常是多头介入的表现，能连续五天收阳，说明股价获得了市场的

极大认可，筑底迹象明显。但也可能有另外的情况发生导致筑底失败。本例该股此后不久即再度破位下跌，股价创出新低，原因是当时的大盘走势非常低迷，对个股走势产生了影响。因此低档五阳线并不一定能筑底成功，一旦破位下跌则需止损出局。

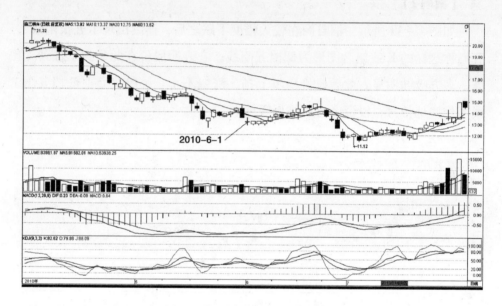

图1-49　渝三峡A　000565

# 10. 跳空三连阴

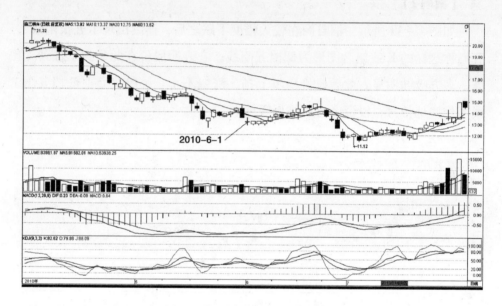图形识别

（1）出现在下跌趋势中。

（2）连续出现三根向下跳空低开的阴线。

后市操作要点

（1）一般是见底信号，后市看涨。

（2）如在股价已有大幅下挫的情况下出现，见底可能性更大。

**实战解析**

**【案例1】**

如图1－50所示，焦作万方前期持续下跌。2010年7月1日该股收出小阴线，此后两天都跳空下行，不过跌幅都不大。这种跳空下跌是在前期跌幅较大的背景下发生的，且每天跌幅并不大，可见下跌只是市场气氛不佳，以致股价虚跌，并没有真正的下跌动能。对于这种股票我们可以准备抄底。此后该股以一根大阳线反转，我们可以积极介入。很多投资者可能喜欢在第三根跳空阴线的时候就抄底，这有点风险，我们还是谨慎点为妙。

**图1－50　焦作万方　000612**

**【案例2】**

如图1－51所示，高新发展在经过一波下跌后横盘筑底，可是随后又加速下跌。2010年6月28日该股收出大阴线，接着两天都跳空下行，看似要破

位了，结果随后便止跌回升。这种跳空三连阴看似吓人，但仔细一看也没那么可怕。从整体来说该股前期的跌幅较大，后市下跌空间比较有限。虽然跳空三连阴跌幅不小，但股价并没有创出新低，且最后一根阴线是小十字线，有止跌迹象。此后该股连续横盘，支撑明显，投资者可以适当抄底。

图1-51　高新发展　000628

# 11. 红三兵

## 图形识别

（1）出现在上涨行情初期。

（2）由三根连续创新高的小阳线组成。

## 后市操作要点

（1）见底信号，后市看涨。

（2）当三根小阳线收于最高或接近最高点时，称为三个白色武士，三个白色武士拉升股价的作用要强于普通的红三兵，投资者应引起足够重视。

**实战解析**

【案例1】

如图1-52所示，中国宝安前期经过一段时间的横盘整理，2009年1月9日开始出现三根连续创出新高的小阳线，这三根小阳线我们称之为"红三兵"。它表明多方在经过长期盘整积蓄实力后，开始稳扎稳打，逐步上升。此后伴随着成交量的放大，股价加速上扬。因此，投资者见到红三兵，并且成交量同步放大，可以适量介入做多。

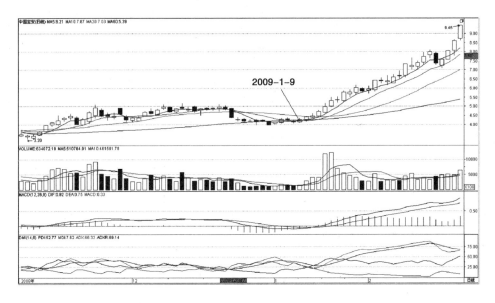

图1-52 中国宝安 000009

【案例2】

红三兵并不都是行情启动的标志，也可能是反弹无力的表现。如图1-53所示，深长城（现名"中洲控股"）2010年3月26日开始小幅上涨，走出红三兵的组合，但是此后不久即反转下跌，跌幅巨大。这是因为该股

虽然短线处于上升趋势中，但中长期走势仍处于下跌趋势中，红三兵反而显出做多的迟疑，欲升无力，后市继续下跌也是情理之中了。

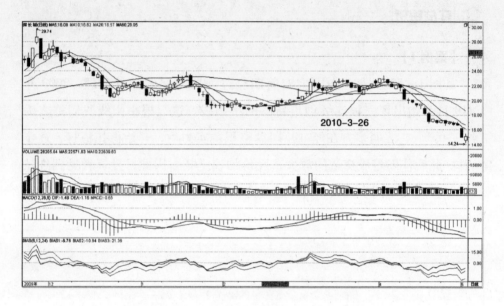

图1-53　深长城（中洲控股）　　000042

## 12. 上升抵抗形

### 图形识别

（1）在上涨途中出现。

（2）由若干K线组成。

（3）连续跳高开盘，即使中间收出阴线，收盘价也要比前一根K线的收盘价高。

### 后市操作要点

见底信号，后市看涨。

## 实战解析

**【案例1】**

如图1-54所示，S前锋前期加速上涨。2009年11月10日该股高开低走收出阴线，但股价事实上还是上涨的，即市场所说的伪阴线。有些投资者以为股价要反转了，没想到该股却依然向上爬升，强势不减，让提前出局的投资者懊悔不已。为什么那根伪阴线没有成为反转点呢？那根伪阴线的收盘价依然高于前日的收盘价，说明多方力量依然强大，要不然怎么连缺口也没补上呢？因此，投资者见到这种上升抵抗形不要着急出逃，耐心等待形态确认，然后再操作。只要缺口不补上就可以继续放心持股，等待更大涨幅。

图1-54　S前锋　600733

**【案例2】**

如图1-55所示，禾盛新材前期连续跳空上涨。2010年1月6日收出一根伪阴线，这是盘中空头出击的标志，但力量不大，投资者还可以继续

持股。次日该股继续收出这样的伪阴线，我们仍可以持股，只要缺口没有补上，那缺口就是强力支撑。该股此后继续强势上涨，投资者如果在出现第一根伪阴线时出局就太可惜了。我们称这种上升途中的伪阴线为上升抵抗形，其含义就是虽然有空头抵抗，但仍不改总体的上升走势。

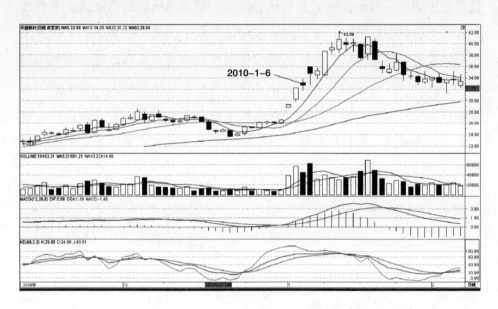

图1-55　禾盛新材　002290

# 13. 下探上涨形

## 🔘 图形识别

在上涨途中或者下跌末端，突然跳低开盘（甚至以跌停板开盘），当日以涨势收盘收出一根大阳线（甚至以涨停板收盘）。

## 🔘 后市操作要点

（1）见底信号，后市看涨。

（2）多数为控盘庄家利用消息洗盘，一般后市将有一段较大升势。

### 实战解析

【案例1】

很多散户总是懊悔让大牛股轻易从手边溜走，但又总是稍有震荡便逃之夭夭，还美其名曰"谨慎"。这正是某些散户赚得少亏得多的根源——赚的时候小富即安，亏的时候打死也不割肉，如此操作又怎么能达到投资目标？如图1-56所示，三木集团运行在明显的上升趋势中，当然其中也有小幅回调。2010年2月8日该股突然大幅低开，某些散户便如惊弓之鸟清仓出局，没想到这完全是一个烟幕弹，此后股价逐步攀升，当日便收出一根大阳线。我们称这样的K线组合图形为下探上涨形。更可叹的是，该股此后经过一段整理后加速向上狂涨，让出局的投资者把肠子都悔青了。这说明我们需要清醒看待上涨初期的微调，只要整个形态没走坏，我们就要有决心持股待涨。

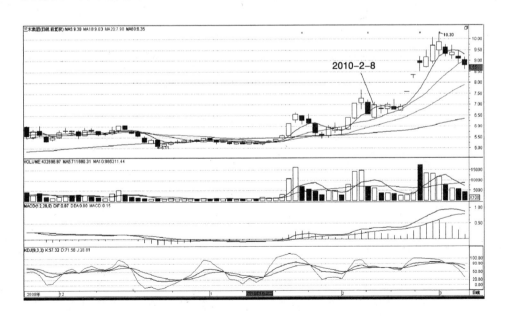

**图1-56　三木集团　000632**

【案例2】

如图1-57所示，珠海中富（现名"*ST中富"）整体处于上升趋势中，这从中长期平均线向上发散就可以判断。当然，期间也有短线回调。2009年11月2日该股大幅低开，但随后多头发起强力攻击，最后收出大阳线。这是洗盘结束的标志，投资者可以积极参与。此后该股果然持续上涨，涨幅较大。

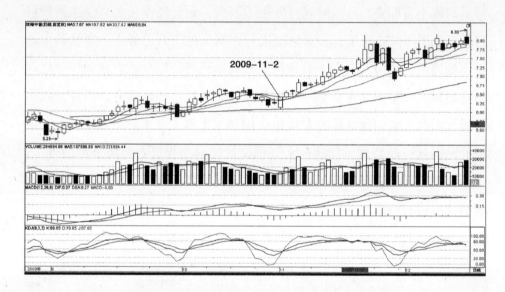

图1-57　珠海中富（*ST中富）　　000659

# 14. 上涨两颗星

## ◯ 图形识别

（1）在涨势初期、中期内出现。

（2）由一大二小三根K线组成。

（3）在上涨时先出现一根大阳线或中阳线，随后就在这根阳线的上方出现两根小K线（既可以是小十字线，也可以是实体很小的阳线、阴线）。

○ **后市操作要点**

（1）继续看涨。

（2）少数情况下会在一根大阳线上方出现三根小K线，这时就称为上涨三颗星。上涨三颗星技术含义与上涨两颗星相同。

○ **实战解析**

【案例1】

如图1-58所示，ST宝利（现名"神州高铁"）来在2010年3月29日拉出一根大阳线，随后在该阳线上方出现两根十字星，我们称之为上涨两颗星。它表明在上涨初期空方的力量还比较强大，所以上升趋势有所放缓，但是整体向上的走势并没有改变，后市还是看涨。见到这种图形，只要此后趋势没有完全破坏，投资者可以继续持股待涨。本例该股此后就进入加速上涨时期，短线涨幅不小。

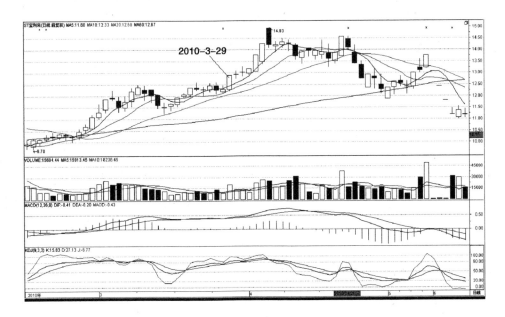

图1-58 ST宝利来（神州高铁） 000008

**【案例2】**

如图1-59所示，奥特迅前期波浪上升，经过一段时间横盘震荡后于2010年3月29日以大阳线突破，次日收出跳空的十字星，第三日再度收出十字星。这三根K线的组合就是我们所说的上涨两颗星。因为发生在阶段起涨初期，我们认为这种跳空的两颗星是上涨的中继加油站，后市应该还有更大涨幅，只要缺口仍在，投资者可以放心持股，这同时也是加码的绝佳时机。

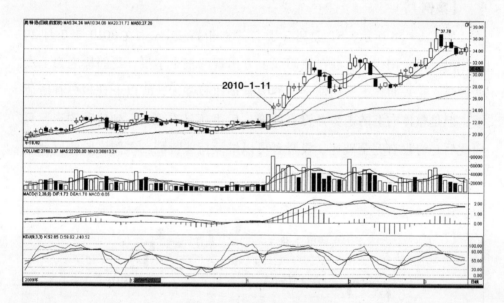

图1-59　奥特迅　002227

# 15. 高位并排阳线

**图形识别**

（1）出现在涨势中。

（2）由两根阳线组成。

（3）第一根阳线跳空向上，其收盘时在前一根 K 线上方留下一个缺口。第二根阳线与第一根阳线并排，开盘价与第一根阳线的开盘价基本相同。

**后市操作要点**

继续看涨。这个向上跳空的缺口对日后股价走势有较强支撑作用，但如发现日后股价跌破这个缺口，股价走势就会转弱。

**实战解析**

【案例1】

高位并排阳线在实战中不是很多见。如图 1－60 所示，万向钱潮前期整体处于上升趋势中。在连续两个涨停后于 2010 年 3 月 29 日收出一根十字星，股价小幅上涨，次日收出一根开盘价几乎相同的小阳线。这两根小阳线与前面的阳线形成一个明显的缺口，我们称之为并排阳线。并排阳线

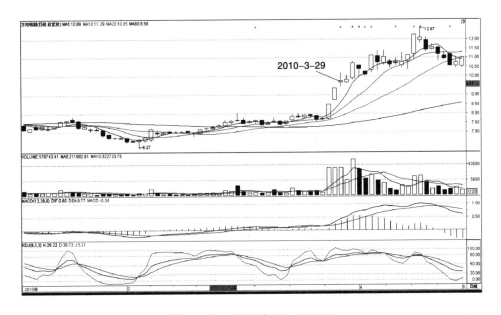

图 1－60　万向钱潮　000559

属于中性走势，多头略微占优，但因为有缺口存在，后市相对看好。

见到高位并排阳线，投资者可以继续持股待涨。如果以后股价不跌破这个跳空的缺口，我们就不要急着离场，因为这个缺口是一道重要的支撑。反之，跌破这个缺口区域，股价可能要发生反转了，这时我们则应及时卖出股票。

本例的并排阳线跟前面我们所讲的上涨两颗星一样，只是说法不同，唯一的区别在于上涨两颗星不要求开盘价相同。

**【案例2】**

如图 1-61 所示，华峰氨纶 2009 年 11 月 4 日延续前日涨停的凶猛走势，大幅高开，最后收阳，次日收出一根开盘价几乎相同的阳线，缺口仍明显存在。这种有跳空缺口的并排阳线通常是上升途中的短暂歇脚，后市应该还有更大涨幅。该股此后小幅回落，但缺口始终没有回补，说明支撑非常强劲，更可以逢低加码。后市该股逐浪上升，涨幅不小。

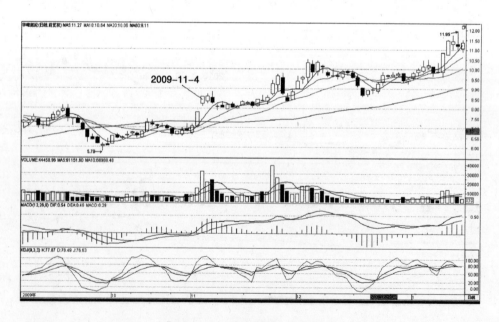

图 1-61 华峰氨纶 002064

## 16．跳空下跌三颗星

### ◎ 图形识别

（1）出现在连续下跌途中。

（2）由三根小阴线组成。

（3）三根小阴线有一个明显的空白区域，也即通常说的缺口。

### ◎ 后市操作要点

见底信号。如果在三根小阴线后出现一根大阳线，上涨的可能性就更大。

### ◎ 实战解析

**【案例1】**

如图1-62所示，东莞控股前期处于明显的下跌趋势中，2010年6月29日该股加速下跌拉出一根大阴线，次日跳空下跌，收出一根小阴星线，接着又是两根类似的星线，三根星线呈平行走势，我们称之为跳空下跌三颗星。此后股价见底回升。因此，投资者可以把跳空下跌三颗星看作见底信号，反转的可能性比较大，稳妥点的投资者可以结合其他技术指标进一步确认。

本例该股出现下跌三颗星后并没有立刻回升，而是收出一根T字线，此后才开始反弹。从图中可见，下跌三颗星只是有止跌迹象，真正进场还需要有中大阳线向上突破的信号。

**【案例2】**

如图1-63所示，南宁糖业前期运行在明显的下降趋势中。在一个平

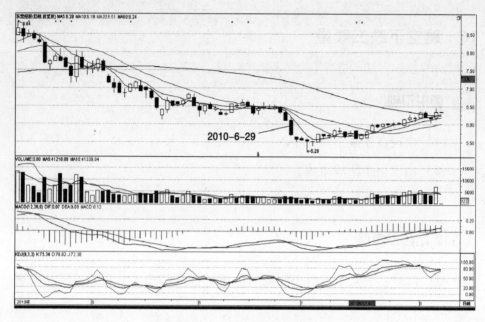

**图1-62 东莞控股 000828**

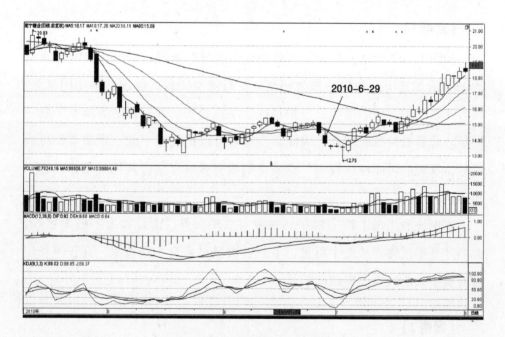

**图1-63 南宁糖业 000911**

台震荡后继续破位下行。2010年6月29日该股跳空下跌收出中阴线。次日该股继续跳空开盘，不过最后只收出十字星，下跌幅度并不大，此后又连续收出两根平行的十字星，我们称之为下跌三颗星。这种跳空下跌按理应该是空头强势的表现，但股价又不大幅下跌，矛盾之极。这种状况反映出市场虽然还没转好，但逢低买盘已经出现，导致股价不能下跌。这通常是见底的信号，但进场还需要看有没有反转向上的中大阳线出现。

# 17. 上升三部曲

## 🔘 图形识别

（1）出现在上涨途中。

（2）由大小不等的五根K线组成。

（3）先拉出一根大阳线或中阳线，接着连续出现三根小阴线，但都没有跌破前面阳线的开盘价，随后出现了一根大阳线或中阳线，整个走势有点类似英文字母"N"。

## 🔘 后市操作要点

上升途中的短暂回调，后市继续看涨。

## 🔘 实战解析

【案例1】

如图1-64所示，东风汽车在上涨途中拉出一根大阳线，此后连续出现三根小阴线，随后又拉出一根大阳线，一举把三根小阴线吞没。我们称这样的K线组合图形为上升三部曲（椭圆内图形）。很多投资者可能被三连阴吓怕了，纷纷离场，没想到却错失了此后更大的上涨行情。这里我们需要确认的是，只要三连阴没有跌破前日大阳线的开盘价，就完全不必惊

慌离场，可以继续持股待涨；反之我们再离场不迟。而最佳的进场时机也在此后的大阳线吞没三根小阴线的当日，只要股价明显有吞没趋势就可以积极进场。

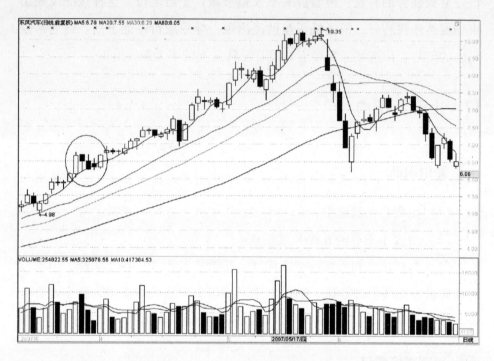

图1-64　东风汽车　600006

【案例2】

如图1-65所示，天山纺织整体处于上升趋势中，因为所有的平均线都呈上扬状态。2009年6月9日该股收出大阳线，可是此后连续收出三根小阴线，不过股价并没有大幅回落。第五天该股收出一根中阳线，基本把失地收复。我们称这样的K线组合为上升三部曲。事实上中间的三根小阴线只是短暂的洗盘，其股价连前日阳线的开盘价都没有跌破，谈不上反转下跌，投资者可以放心持股，当第五根阳线出现的时候则可以继续加码。

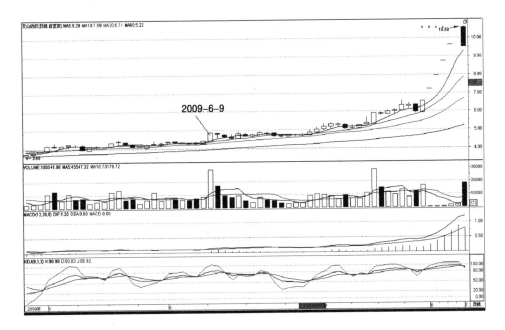

图 1－65　天山纺织　000813

# 18. 多方尖兵

## ◉ 图形识别

（1）出现在上涨行情中。

（2）由若干根 K 线组成。

（3）在拉出一根中阳线或大阳线时，留下一根较长的上影线，然后股价回落，但不久股价又涨至上影线的上方。

## ◉ 后市操作要点

继续看涨。出现这种 K 线形态，很可能是多方主力发动全面进攻前的一次试盘。

◯ 实战解析

【案例1】

如图1－66所示，华神集团前期震荡上行，2010年7月1日拉出一根带长上影线的阳线，次日股价回落，然后震荡横盘，充分蓄势后该股重新发动攻势，一举站在了7月1日的那根上影线上方。我们称这样的K线组合图形为多方尖兵。顾名思义，多方尖兵是上攻的刺探性行为，目的是测试上档的压力。此后股价回落则是一个多方积蓄力量的整理过程，而非空方真的还有足够的力量反压。投资者在股价重新站在上影线上方时，可以大胆跟进做多。本例该股此后果然大幅上涨，投资者如果能在突破的时候积极跟进将收获丰厚。

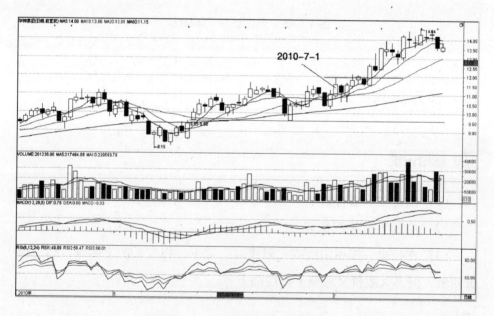

图1－66　华神集团　000790

【案例2】

如图1－67所示，独一味（现名"恒康医疗"）自低位反转向上。

2010 年 7 月 19 日该股盘中大幅冲高，但最后收出较长的上影线，看似这个位置的阻力不小。此后该股连续一周横盘，股价难以突破。直到此后一根大阳线才打破僵局，股价重回升势，此时可以跟进。我们这里要讲的是 7 月 19 日的那根带有长上影线的 K 线的意义。股价当时大幅上攻，但最后回落，其实是主力向上刺探压力的一种方式，就像侦察兵一样，此后股价横盘蓄势，为后市真正突破做准备。最佳的介入时机在最后的大阳线突破横盘区间之时，因为经过前面的准备，突破成功后进入拉升阶段的可能性极大。

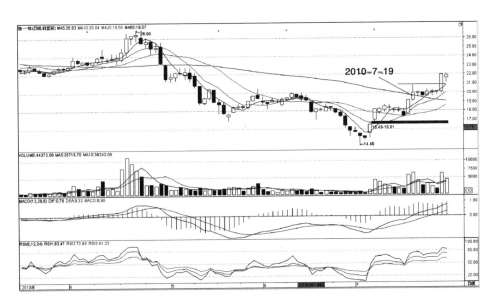

图 1-67　独一味（恒康医疗）　　002219

# 19. 两阳夹一阴

## 图形识别

（1）在上升和下跌趋势中都不难见。

（2）由两根较长的阳线和一根较短的阴线组成，阴线夹在阳线之中。

◎ **后市操作要点**

（1）在涨势中出现，继续看涨。

（2）在跌势中出现，是见底信号。

◎ **实战解析**

【案例1】

如图1-68所示，星马汽车（现名"华菱星马"）运行在上升途中。2010年3月18日收出一根大阳线，次日略微低开收出一根小阴线，不过第三天股价再度大涨创出新高。我们把这种两根较长的阳线夹着一根较短的阴线的K线组合图形称为"两阳夹一阴"。两阳夹一阴通常代表多头占据明显优势，中间的小阴线只是暂时的洗盘，后市应该还有较大涨幅。当然这也要观察股价的整体位置。本例该股前期涨幅不大且刚突破前高，上升空间刚打开，因此两阳夹一阴是股价启动的标志，后市潜力很大。

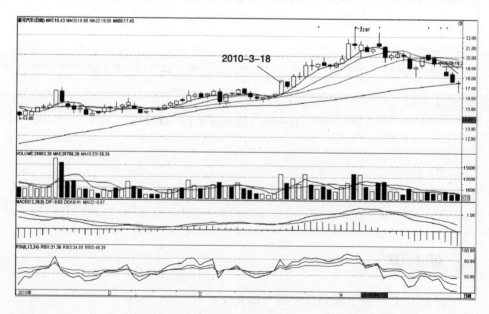

图1-68　星马汽车（华菱星马）　　600375

**【案例2】**

如图 1-69 所示，靖远煤电前期大幅下跌，然后在一个位置止跌回升。2010 年 7 月 14 日该股收出一根大阳线，不过次日该股大幅回落，收出一根中阴线。难道股价反弹结束？第三天该股低开高走，再度收出一根大阳线，把前日失地完全收复。这种两阳夹一阴的组合表明短暂的洗盘结束，后市应还有更大反弹空间。本例该股此后继续反弹，幅度不小。可见两阳夹一阴也是较好的进场机会，只要股价整体涨幅不太大就可以积极介入。

图 1-69 靖远煤电 000552

# 20. 黄昏之星

**图形识别**

（1）出现在涨势尾声。

（2）由三根 K 线组成，第一根为阳线，第二根为星线，第三根为跳空

阴线。第三根K线实体深入到第一根K线之内。

## 后市操作要点

见顶信号，后市看跌。

## 实战解析

### 【案例1】

如图1-70所示，联合化工（现名"合力泰"）前期快速攀升，涨幅较大。2009年12月2日该股继续涨停，次日出现一根向上跳空高开的阴星线，第三日跳空向下拉出一根大阴线，三根K线构成了一个典型的"黄昏之星"组合图形。这个图形表明经过大幅上涨后，做多的动能已经严重匮乏。此后股价发生逆转，一路暴跌。因此，看到黄昏之星，投资者应该有足够的警惕，一旦情况不妙，应迅速离场。

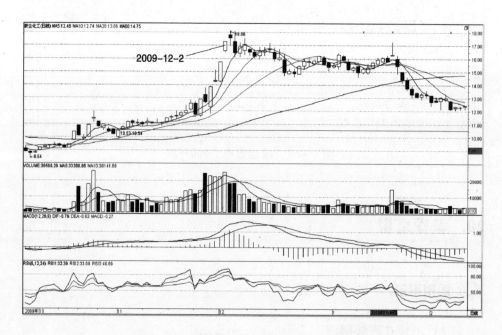

图1-70　联合化工（合力泰）　002217

**【案例2】**

如图1－71所示，深鸿基（现名"宝安地产"）前期有过一段不小的升幅，2009年11月25日收出一根大阳线。接着出现了一根跳高的实体很短的小阳线，很长的上影线表明后继乏力，空头开始反击。此后出现的一根跳低开盘的大阴线确认了股价走势已经发生明显的逆转，后面股价节节败退。所以，见到黄昏之星，投资者还是尽早清仓离场为妙。

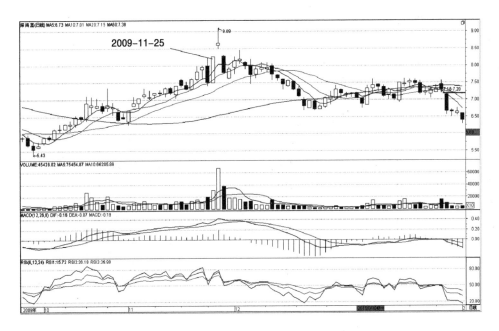

图1－71　深鸿基（宝安地产）　　　000040

# 21. 淡友反攻

**⊙ 图形识别**

（1）出现在涨势中。

（2）由一阳一阴两根K线组成。

（3）先是出现一根大阳线，接着跳高开盘，结果拉出一根中阴线或大阴线，收在与前一根K线收盘价相同或相近的位置上。

## 后市操作要点

（1）见顶信号，后市看跌。

（2）转势信号不如乌云盖顶强。

## 实战解析

**【案例1】**

如图1-72所示，宝光股份2010年4月1日收出一根大阳线，第二天股价延续前日强势跳空高开，但上攻乏力，转而掉头直下，其收盘价与前一天的收盘相同或接近，形成一根中阴线，我们称这种K线组合图形为淡友反攻。它不是向上攻，而是向下攻，也即意味着股价见顶，投资者此时需要谨慎行事，不要再盲目跟进，而是要适当减仓。虽然它不

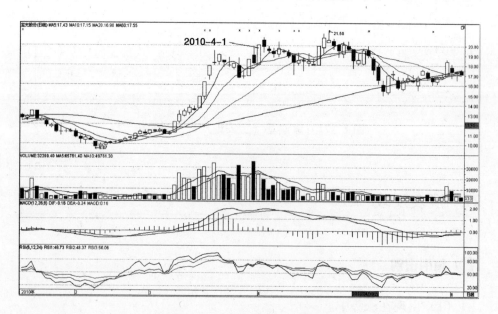

图1-72　宝光股份　600379

像后面介绍的"乌云盖顶"信号那么明确，但也需要投资者保持足够的警惕。特别是股价已经有较大幅度的上升，并且成交量突然放大，那淡友反攻下攻的力道也是足够吓人的。本例该股在出现淡友反攻后见顶，后期下跌幅度不小。

**【案例2】**

如图1-73所示，海王生物前期大幅上涨，是当时名噪一时的大牛股。但牛股也有见顶的时候。2009年11月3日该股高开低走，收出一根巨大的伪阴线，虽然股价还略微上升，但这个淡友反攻的组合确实是不祥之兆，它往往预示着股价见顶，投资者应小心应对，最好适当减仓。此后该股果然见顶，股价一路回落。淡友反攻的力度虽然不大，但常常是空头出击的信号，后市反转下跌的可能性极大，投资者应对此保持足够的警惕。

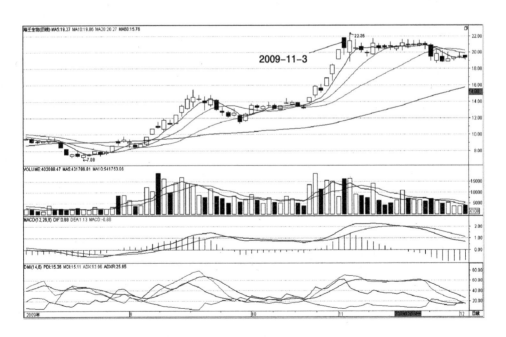

图1-73  海王生物  000078

## 22. 乌云盖顶

### 🔘 图形识别

（1）出现在涨势中。

（2）由一根中阳线或大阳线和一根中阴线或大阴线组成。

（3）阴线已深入到阳线实体 1/2 以下处。

### 🔘 后市操作要点

（1）见顶信号，后市看跌。

（2）阴线深入阳线实体部分越多，转势信号越强。

### 🔘 实战解析

**【案例1】**

在图 1–74 中，深天健（现名"天健集团"）于 2010 年 4 月 2 日收出一根中阳线，次日跳空高开，但上攻无力，随即掉头直下，形成一根阴线，阴线的实体已经深入到前日阳线实体的 1/2 以下处，我们称这种 K 线组合图形叫乌云盖顶。它表明空方实力强劲，打压力度很大，预示着股价已经见顶，投资者应该见机卖出股票，否则后果不妙。本例该股形成乌云盖顶后，股价一路下挫，跌幅巨大。

乌云盖顶有效的条件必须是股价处于高位，如果是上升途中则可能是洗盘。本例该股显然处于高位，获利盘积累太多，有随时反转的危险。

**【案例2】**

如图 1–75 所示，通程控股前期逐浪上升，但没有急速拉升过，后市还值得期待。2010 年 4 月 6 日该股没有延续前日强势上升趋势，高开低走，

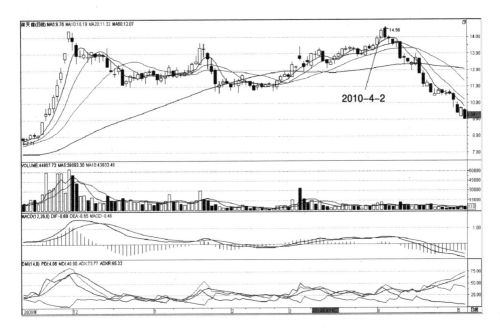

图1-74 深天健（天健集团） 000090

图1-75 通程控股 000419

最后竟然收出一根中阴线,股价已经切入前日阳线深处,形成一个乌云盖顶的组合图形。这通常是空头大肆出击的表现,后市应该还有下跌动能。可是该股随后即拉出大阳线,后市更是大幅上涨。这说明并不是所有的乌云盖顶都是下跌的信号,需要结合股价的整体走势来研判。本例该股处于上升途中,没有任何见顶的迹象,且刚突破前高,后市上升空间巨大,此时无缘无故的下跌很可能是洗盘。即便你判断错误,在隔日收出大阳线的时候还可以及时纠正。

## 23. 倾盆大雨

### 🔘 图形识别

(1) 出现在上涨趋势中。

(2) 由一阳一阴两根 K 线组成。

(3) 先是一根大阳线或中阳线,接着出现一根低开的大阴线或中阴线,阴线的收盘价已低于前一根阳线的开盘价。

### 🔘 后市操作要点

(1) 见顶信号,后市看跌。

(2) 见顶信号强于乌云盖顶。

(3) 阴线实体低于阳线实体部分越多,转势信号越强。

### 🔘 实战解析

【案例1】

如图 1-76 所示,南京中北前期在高位宽幅震荡,2010 年 1 月 19 日该股收出一根大阳线,看似要突破上升,没想到次日股价低开,盘中继续下挫，最后收出一根大阴线，阴线的收盘价已远低于前一根阳线的开盘价。
我们称这种K线组合图形为倾盆大雨。在股市中遭遇倾盆大雨，结果可想
而知。该股此后连续下跌，跌幅不小。因此，高位出现的倾盆大雨应该引
起投资者足够的警惕，及时清仓规避风险为上策。

图1-76  南京中北  000421

【案例2】

如图1-77所示，沙河股份2009年11月26日大幅上涨，最后强势封
于涨停。这种强势个股通常投资者都舍不得在涨停板上出货。但天有不测
风云，该股次日大幅低开，最后收出一根大阴线，股价已经跌破前日阳线
的开盘价。这种倾盆大雨的走势是空头不计价格落荒而逃的表现，通常后
市还有更大跌幅。本例该股还算强劲，后市还顽强拉高了一次才反转暴跌。
当然这种二次拉高也有诱多的嫌疑。总之，高位的倾盆大雨通常是股价反
转的标志，投资者最好清仓出局。

图1-77　沙河股份　000014

## 24. 平顶

 **图形识别**

（1）在上涨过程中出现。

（2）由两根或两根以上的K线组成。

（3）最高价处在同一水平位置上。

**后市操作要点**

见顶信号，后市看跌。

**实战解析**

【案例1】

如图1-78所示，上海家化前期大幅上扬，2010年4月22日该股收出光头大阳线，看似非常强势，但次日却平开低走，收出中阴线。我们称这种最高价几乎相同的K线组合图形为平顶，它表明多方上攻乏力。平顶虽然还不是完全的见顶信号，但既然不能创新高就说明多头受阻，投资者还是需要小心应对。当然我们也不能忽略股价的整体位置，如果股价前期已经大幅上涨，则见顶可能性很大。

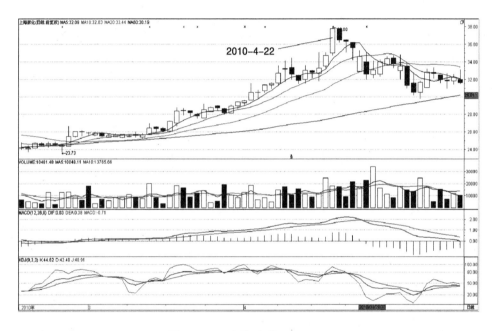

图1-78　上海家化　600315

**【案例2】**

如图1-79所示，云维股份前期逐浪上升，涨幅累积较大。2010年1月18日该股收出大阳线，看似要加速上行，可是次日该股平开低走，虽然最后跌幅不大，但留下了一个隐患。这种平顶说明多头已经拉升无力，空头开始反击。该股第三日跳空下跌，阶段性顶部形成，此时应该是最后的逃命机会。谨慎的投资者会在平顶的时候减仓锁定利润。

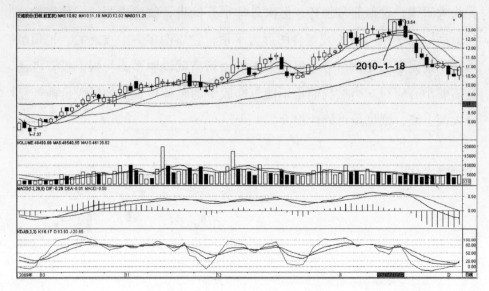

图 1 – 79　云维股份　600725

## 25. 塔形顶

【图形识别】

（1）出现在上涨过程中。

（2）先是一根大阳线或中阳线，后为一连串的小阳小阴线，最后出现一根大阴线或中阴线。

【后市操作要点】

见顶信号，后市看跌。

【实战解析】

【案例1】

如图 1 – 80 所示，太化股份于 2010 年 4 月 14 日拉出一根大阳线，看似要挑战前高。可是此后升势减缓，拉出一阳一阴两根十字星线，接着出现一根跳空下跌的大阴线。我们称这种 K 线组合图形为塔形顶，它表明经过多空双方的拉锯战后，空方终于把多方击败，多头彻底放弃抵抗。此后该股股价一路下挫则是情理之中的事了。因此，塔形顶是及时提示投资者出逃的信号，投资者需果断出局以免遭受更惨重的损失。

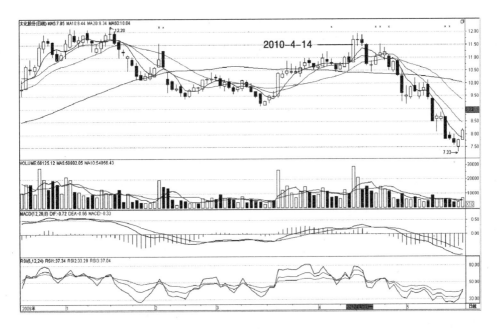

图 1 - 80　太化股份　600281

【案例 2】

如图 1 - 81 所示，联化科技 2010 年 6 月 8 日收出大阳线，股价创出新高。这种走势通常是继续看涨的形态。该股此后连续三天横盘，收出三根十字星，这还不算走势已经变坏，但是第五天股价跳空下跌收出大阴线，这时可以确认反转成立。这种塔形顶一般还是比较准确，因为反转之前多空经过较长时间的较量，最后分出胜负，后市下跌幅度当然不会太小。本例该股此后也如期大幅下跌，验证了塔形顶的威力。

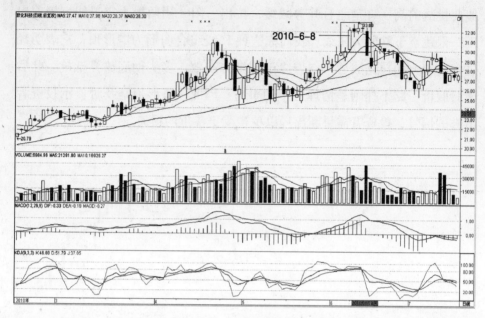

**图 1－81　联化科技　002250**

# 26. 双飞乌鸦

## 图形识别

（1）出现在涨势中。

（2）由一大一小两根阴线组成。

（3）第一根阴线的收盘价高于前一根阳线的收盘价，且第二根阴线完全包容了第一根阴线。

## 后市操作要点

见顶信号，后市看跌。

⊙ 实战解析

【案例1】

如图1-82所示，ST二纺（现名"市北高新"）前期大幅上扬，连续收出两个一字涨停。2009年11月24日跳空高开，却收出一根小阴线，与前日的阳线形成一个明显的缺口，次日又拉出一根高开低走的中阴线，这根中阴线把前一根小阴线全部吞没了。这就是人见人厌的双飞乌鸦，它表明多头遇到空头强力阻击，此处抛压沉重，空头已经占据明显上风，后市可能就此反转下跌，投资者应及时出逃。该股此后快速下行，验证了双飞乌鸦的见顶作用。

图1-82 ST二纺（市北高新）　　600604

【案例2】

如图1-83所示，青岛啤酒前期大幅上涨，然后在高位横盘震荡。2010年1月18日该股收出中阳线，股价创出新高，看似要进入新一轮上行中。次日该股高开后并没有高走，最后收出一根小阴线，此时多头还略微

占优。但第三日一根穿头破脚的大阴线则宣告头部的形成，股价反转下跌
已成定局，投资者只能趁早离场。该股此后大幅下挫。

　　双飞乌鸦的走势形成头部的可能性极大，投资者在股价高位看到这种
形态必须清仓出局。

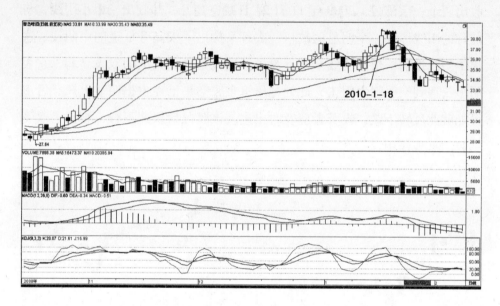

图 1-83　青岛啤酒　600600

## 27. 三只乌鸦

### 🔵 图形识别

　　（1）出现在涨势中。

　　（2）由三根阴线组成，阴线多为大阴线或中阴线。

　　（3）每次均以跳高开盘，最后以下跌收盘。

### 🔵 后市操作要点

　　见顶信号，后市看跌。

**⊙ 实战解析**

**【案例1】**

如图1-84所示，盐湖钾肥（现名"盐湖股份"）前期处于上升趋势中。2010年1月19日该股没有延续前日大阳线的走势，反而低开低走收出一根中阴线，此后再连续拉出两根高开低走的阴线，由此形成了所谓的三只乌鸦。这种形态表明此处空方实力强大，多方每次冲高都被无情地打压下去，投资者至此应该及时逢高出逃，不要做无谓的抵抗。该股此后果然大幅下挫。这种高开低走的阴线组合最能摧毁多头的斗志，后市下跌的幅度通常会加倍放大。

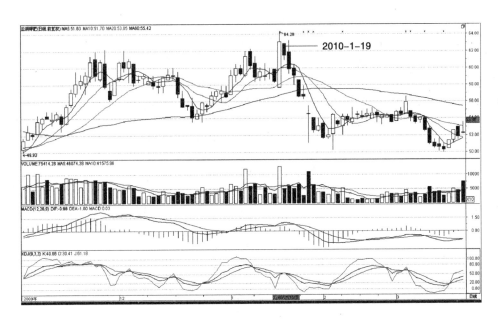

图1-84　盐湖钾肥（盐湖股份）　　000792

**【案例2】**

如图1-85所示，涪陵电力见顶后开始缓慢下跌，这种下跌可能还没引起投资者足够的警惕。2010年6月25日该股收出中阴线，次日高开低走收出

大阴线，第三天继续高开低走收出大阴线，三根阴线形成三只乌鸦的组合图形。不要以为三天大跌就很快见底，这种高开低走的阴线组合杀伤力极大，后市还有较大的下跌空间，该股后市的走势也证明了这一点。因此投资者见到这种组合图形应及时止损出局，虽然是亡羊补牢，但也值得做。

图 1 − 85　涪陵电力　600452

# 28. 下降覆盖线

## 图形识别

（1）在上涨行情中出现。

（2）由四根 K 线组成。前两根 K 线构成一个穿头破脚形态，第三根 K 线是一根中阳线或小阳线，但阳线的实体通常比前一根阴线要短，之后又出现一根中阴线或小阴线，阴线实体已深入到前一根阳线实体之中甚至以下。

◎ **后市操作要点**

见顶信号，后市看跌。见顶信号要强于穿头破脚。

◎ **实战解析**

**【案例1】**

如图1－86所示，山鹰纸业前期在高位横盘震荡。2010年4月12日该股收出一根中阳线，看着多头还比较强势，没想到次日出现了一根穿头破脚的中阴线，第三日收出一根小阳线，第四日又拉出一根中阴线，且这根中阴线已经创出新低了，这就形成了典型的下降覆盖线组合。下降覆盖线事实上是多空反复搏杀的结果，最后的结果是空头彻底战胜了多头。此后该股股价一路下滑，跌幅不小。因此，投资者见到下降覆盖线，应该及时卖出股票，切莫心存侥幸。

**图1－86 山鹰纸业 600567**

**【案例2】**

如图1-87所示，大连友谊2009年11月23日开始抵抗式下跌，走出下降覆盖线组合。这是股价反转的标志，空头已经完全占据优势，投资者只能清仓出局。该股此后虽然有个反弹，但显然无法突破下降覆盖线的压力，此后更是快速下挫，跌幅巨大。对于这种高位的下降覆盖线组合，我们没有更好的办法，只能选择出局。

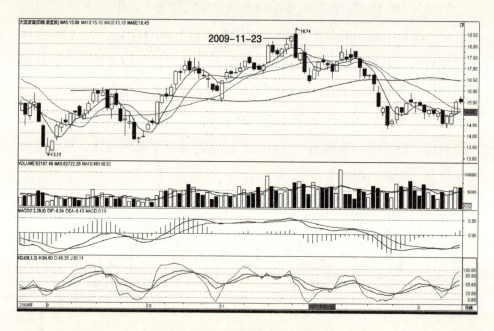

图1-87　大连友谊　000679

## 29. 低档盘旋形

🔘 **图形识别**

（1）出现在下跌途中。

（2）由若干根小阴线、小阳线组成。

（3）先是小阴线、小阳线的横盘，后来出现一根大幅向下的中大阴线破位下行。如果是跳空下跌则跌势更猛。

◎ **后市操作要点**

卖出信号，后市看跌。

◎ **实战解析**

**【案例1】**

如图1-88所示，金融街在2010年4月19日前后走出两个低档盘旋形。所谓低档盘旋形就是在下跌过程中拉出一根大阴线，此后出现一连串的小阳线、小阴线，好像进入止跌盘整阶段，却没想到突然某日拉出一根中阴线，股价继续下挫，不可阻挡。如此看来，那一连串的小阳线、小阴线是多空战斗的一个胶着过程，最后还是空方战胜了多方，多方缴械投降了。低档盘旋形大多是下跌的中继平台，因此在下跌途中出现盘

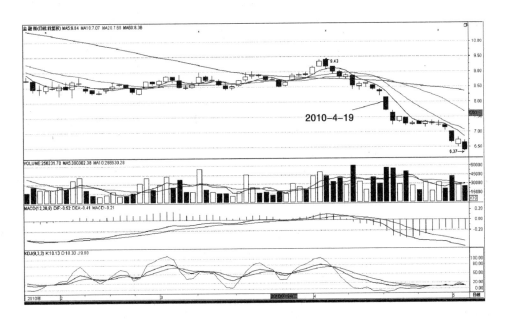

**图1-88　金融街　000402**

旋形走势不能过于乐观，一旦破位下跌则需立刻止损出局，因为后市还有更大跌幅。

**【案例2】**

如图1-89所示，隧道股份自一个横盘平台破位下跌，2010年4月19日该股收出一根大阴线，股价已经处于所有平均线之下，空头走势非常明显。此后该股连续一周横盘，看似多头还有点力量。不过最后该股还是以一根大阴线再度破位下行。这种下跌途中的盘旋走势比较有欺骗性，让投资者觉得止跌有望，可最后的结果是股价继续破位暴跌。事实上这种盘旋是主力支撑股价出货的伎俩，因为股价刚破位，这么快止跌是不太可能的，那唯一的解释就是主力在诱多。

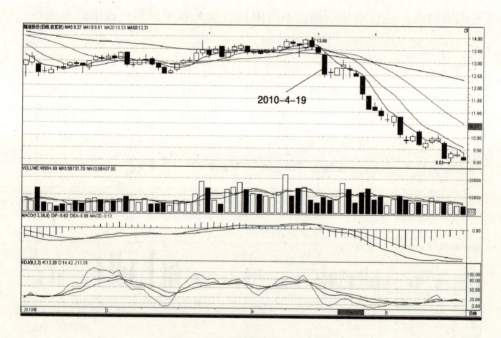

图1-89　隧道股份　600820

## 30. 黑三兵

**⊙ 图形识别**

（1）既可在涨势中出现，也可在跌势中出现。

（2）由三根小阴线组成，最低价一根比一根低。

**⊙ 后市操作要点**

卖出信号，后市看跌。

**⊙ 实战解析**

**【案例1】**

对待黑三兵，我们不能一概而论。如图 1 – 90 所示，方兴科技前期大

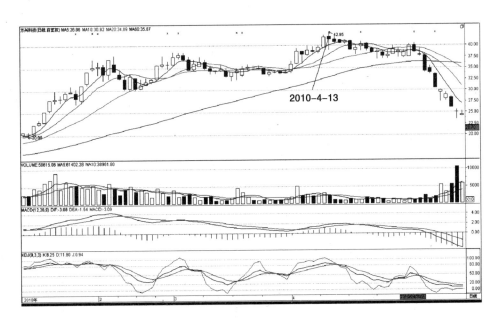

图 1 – 90　方兴科技　600552

幅上涨。2010年4月13日该股收出一根小阴线，此后再连续收出两根小阴线。这样的三根小阴线收盘价一根比一根低，俗称黑三兵。此后股价一路下跌，跌幅甚大。当然并不是黑三兵本身有这么大的杀伤力，而是因为黑三兵是空头出击的开始，后市多头如果不能强力阻击，后果会很严重。本例该股此后一路下行，一切都源自黑三兵，可以说是千里之堤溃于蚁穴。

**【案例2】**

如图1-91所示，多伦股份（现名"匹凸匹"）2010年4月22日收出一根小阴线，此后连续收出两根类似的小阴线，形成黑三兵组合。这种黑三兵没有特别的含义，表明股价缓慢下跌。因为该股整体处于下跌趋势中，跌幅也不算大，因此黑三兵只是下跌过程的一种表现形式，后市很可能会继续下跌。而且这种看似跌幅不大的黑三兵，其实也很有麻痹性，等你明白过来时股价跌幅已经不小。更惨的是，黑三兵不是下跌的尾声，后市通常还有较大跌幅。

图1-91　多伦股份（匹凸匹）　600696

本例该股在出现黑三兵后就继续大幅下跌。但是，如果前期已经大幅下跌，则黑三兵是跌势趋缓的标志，我们可以关注转势的信号。

# 31. 下跌三颗星

## 图形识别

（1）在下跌行情初期、中期出现。

（2）由一大三小四根 K 线组成。

（3）在下跌时，先出现一根大阴线或中阴线，随后就在这根阴线的下方出现了三根小 K 线（既可以是小十字线，也可以是实体很小的阳线、阴线）。

## 后市操作要点

卖出信号，后市看跌。在下跌途中出现下跌三颗星，表明市场买卖意愿不强，市场将以盘跌为主。

## 实战解析

【案例1】

如图 1 - 92 所示，上风高科自高位反转下跌，2010 年 5 月 11 日拉出一根大阴线，此后连续出现三根股价差不多的小阴线小阳线，这就是所谓的下跌三颗星。它表明股价虽然暂时止跌，但多方力量仍不足以反攻，空方随时都有可能加速打压，投资者还是趁早出逃为好，不要轻易赌反转。而此后的大阴线则宣告再度下跌的来临。

【案例2】

如图 1 - 93 所示，龙元建设反弹结束后再度破位下跌，2010 年 4 月 19

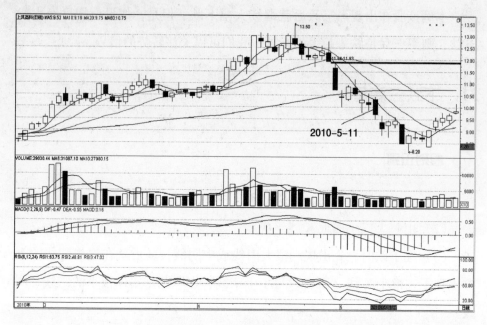

图 1 - 92　上风高科　000967

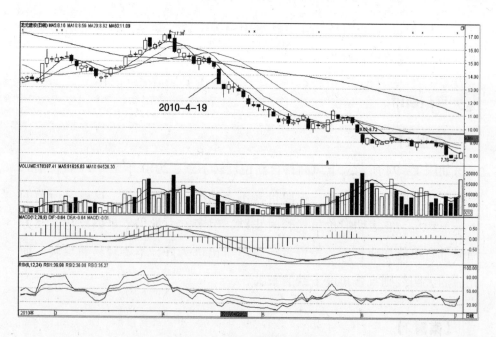

图 1 - 93　龙元建设　600491

日该股收出一根大阴线，此后股价看似止跌，连续收出三根平行的小实体K线，形成下跌三颗星。不要以为这是止跌的信号，它往往是下跌的中继平台。当然这一切都要根据股价的整体走势来研判。本例的下跌三颗星发生在破位下跌的初期，应该不会那么快止跌回升，因此成为下跌中继的可能性极大，此时我们不能盲目抄底抢反弹。

# 32．下降三部曲

## 图形识别

（1）出现在下降趋势中。

（2）由五根大小不等的K线组成。

（3）先出现一根大阴线或中阴线，接着出现三根向上爬升的小阳线，但这三根小阳线都没有冲破第一根阳线开盘价，最后一根大阴线或中阴线又一下子全部或大部分吞吃了前面三根小阳线。

## 后市操作要点

卖出信号，后市看跌。

## 实战解析

【案例1】

如图1-94所示，滨化股份在2010年4月29日收出一根中阴线，随后拉出三根向上的小阳线，接着又是一根大阴线，把前面三根小阳线基本吞没了。我们称这样的K线组合图形为下降三部曲。这说明主力在制造股价回升的假象，自己趁机出逃。通常在出现下跌三部曲后股价会加速下跌。下跌三部曲是比较能欺骗散户的走势形态。事实上我们仔细观察就可以发

现，那三根小阳线在向上爬升的过程中始终无法有效突破前面的中阴线的收盘价，这说明多方的实力非常有限，后面被一根大阴线轻而易举地吃掉更能说明这一点。那么，三根小阳线的反弹就是投资者最后的逃命机会。

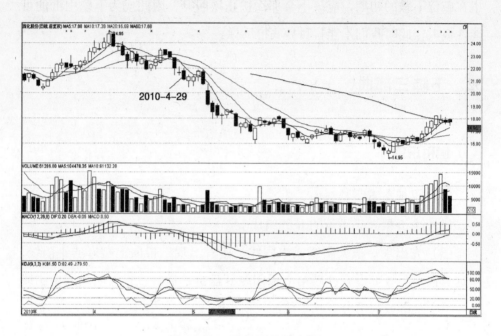

图 1-94　滨化股份　　601678

判断下跌三部曲也不能脱离股价的整体背景。本例该股处于下跌初期，随后出现下跌三部曲，我们要特别小心，不能抱有侥幸心理。

【案例2】

如图 1-95 所示，上海三毛在 2010 年 5 月 11 日收出一根大阴线，随后三天小幅反弹，第五天跳空下跌，最后收出大阴线，股价创出新低。这五根 K 线组成标准的下跌三部曲，说明短暂的反弹结束，后市还会继续下跌。该股此后果然继续下跌。

本例该股的下跌三部曲出现在股价已经大幅下跌的背景下，因此此后虽然继续下跌，但随后止跌，而且有个较大的反弹。

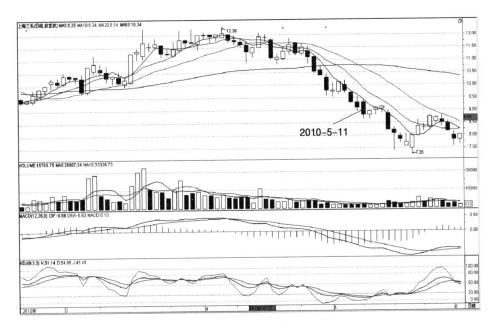

图1-95　上海三毛　600689

# 33. 空方尖兵

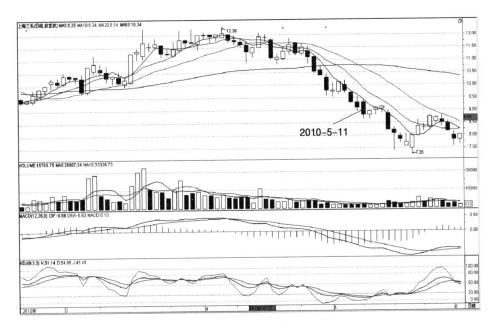 图形识别

（1）出现在下跌行情中。

（2）由若干根K线组成。

（3）在拉出一根中阴线或大阴线时，留下了一根较长的下影线，然后股价反弹，但不久股价又跌至下影线下方。

后市操作要点

卖出信号，后市看跌。走势图上出现这种K线形态，实际上是空方主力向多方进行全面扫荡前的一次试盘。

◎ **实战解析**

**【案例1】**

如图1-96所示，科达机电（现名"科达洁能"）前期已经有一波下跌，此后重归升势。2010年6月18日，该股收出一根长下影线的中阴线，此后股价似乎止跌回暖，拉出了一根小阳线，但好景不长，连续出现几根小阴线、小阳线却无法向上突破，最后破位下行，跌幅巨大。我们称带长下影线的阴线加反弹的小阳线的K线组合图形为空方尖兵。其市场含义就是：前面的那根中阴线的长长的下影线很有可能是空方的试探性进攻，主要是测试一下多方的抵抗力量，为此后的砸盘积蓄力量。因此，投资者见到空方尖兵应及时做好防范，免得被套牢。

图1-96 科达机电（科达洁能） 600499

**【案例2】**

如图1-97所示，山下湖（现名"千足珍珠"）在相对高位横盘震荡，上升无力，下跌好像也有支撑。2010年4月30日该股盘中大幅下挫，最后多头反击，留下了较长的下影线。接着该股有两天小幅反弹。第四天该股再度下跌，此后迅速下挫，短期跌幅巨大。事实上这次暴跌在前面就有迹象——就是4月30日那条带下影线的阴线。虽然股价在阴线出现后回升，但空方尖兵已经形成，那么反弹就是最后的逃跑机会。判断的标准就是反弹如果不能突破带下影线阴线的最高价即应出逃，因为这是杀跌启动的分水岭。

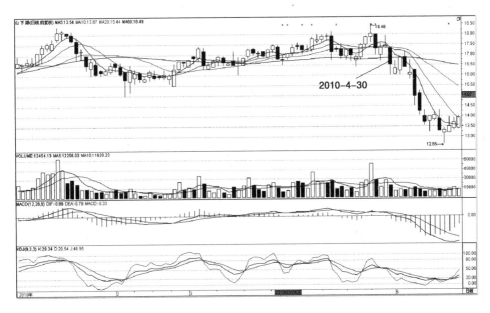

图1-97  山下湖（千足珍珠）    002173

# 34. 连续跳空三阳线

图形识别

（1）出现在上涨行情中。

（2）连续出现三根向上跳空高开的阳线。

### 后市操作要点

加速信号，后市即将见顶，一旦滞涨立刻出局。

### 实战解析

【案例1】

如图1-98所示，北纬通信2009年7月16日收出中阳线，股价突破前高的压制，后市上升空间打开。次日该股跳空高开，最后涨停。第三日该股复制了前一日跳空涨停的走势。我们称这样的K线组合图形为连续跳空三阳线。它表明股价加速上扬，做多动能也面临衰竭，获利回吐的压力越来越大。投资者见此图形要提高警惕，一旦滞涨可以逐步减仓，回避风险，避免坐过山车。

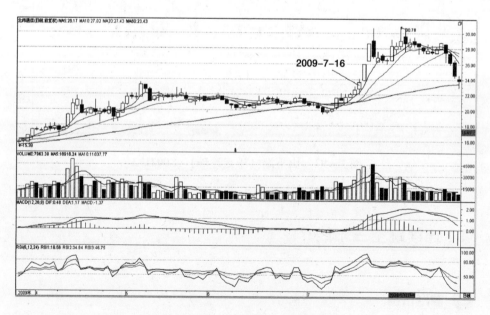

图1-98　北纬通信　002148

本例该股跳空三阳线后虽然还惯性冲高，但随即见顶回落，可见跳空上升虽然强势，但也是极其耗费力量的，虽然不一定就反转，但很可能会短线调整一下。

**【案例2】**

如图1-99所示，成飞集成在2010年7月走出一段波澜壮阔的行情。该股在6月28日已经启动，当日以中阳线上穿多根平均线，次日跳空一字涨停，第三日继续大幅高开，轻松封住涨停。按道理跳空三阳线后应有暂时的歇脚。可该股此后继续复制跳空涨停涨势，成为当时赫赫有名的大牛股。这说明跳空三阳线后未必会见顶。遇到这样疯狂涨停的股票我们可以继续持股，一旦放出巨量且股价反转下跌则可以跟随出局。

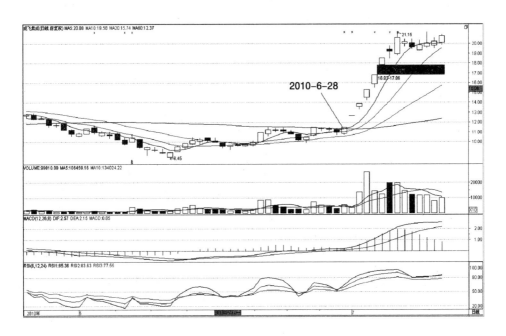

图1-99 成飞集成 002190

## 35. 升势受阻

**图形识别**

（1）出现在涨势中。

（2）由三根阳线组成。

（3）三根阳线实体越来越小，最后一根阳线的上影线较长。

**后市操作要点**

滞涨信号，后市看淡。

**实战解析**

【案例1】

如图1-100所示，柳工2010年2月24日收出大阳线，次日继续大幅

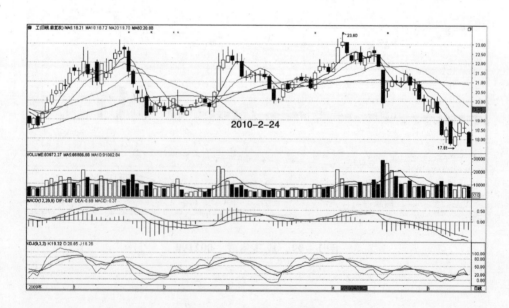

图1-100　柳工　000528

上涨，但是留下较长的上影线，表明有一定的抛压，第三日上涨更加艰难，当日仅小幅上涨，且留下较长的上影线。我们称这样的三根K线组合为升势受阻。它表明多方做多的力量逐渐衰微，可能很快见顶，投资者需要警惕趋势反转，可以逢高减仓，回避风险。该股此后果然见顶回落，跌幅不小。

### 【案例2】

如图1－101所示，成发科技2009年7月22日收出大阳线，涨势凶猛。可是第二天该股没有延续前日走势，大幅低开，虽然最后收阳，但空头显然已经蠢蠢欲动。第三天该股盘中多空激烈争夺，最后留下长长的上影线。这说明多头遭到空头的猛烈反击，形势不妙。整个三天的K线也组合成升势受阻的形态，更是说明多头越来越力衰，股价可能很快见顶。该股此后不久即反转下跌，这一切在升势受阻的组合形态中就已经开始孕育了。因此在遇到升势受阻的时候，我们应该及时逢高减仓。

图1－101　成发科技　600391

## 36. 升势停顿

### 图形识别

（1）出现在涨势中。

（2）由三根阳线组成。

（3）上升时先拉出两根大阳线或中阳线，第三根阳线实体很小，反映升势可能停顿。

### 后市操作要点

滞涨信号，后市看淡。

### 实战解析

**【案例1】**

如图 1－102 所示，美克股份（现名"美克家居"）2010 年 4 月 21 日收出中阳线，次日收出一根大阳线，第三日收出了一根小阳线，这就是所谓的升势停顿。这个走势形态说明经过两天大幅拉升，短线多方力量已经接近极限，股价很有可能见顶反转。投资者对此应保持足够的警惕，当股价拉升无力时应及时出局以保护胜利果实。

本例的升势停顿发生在股价已经大幅拉升的背景下，更需小心应对。另外，该股在走出升势停顿的时候成交量严重不足，有诱多嫌疑。

**【案例2】**

如图 1－103 所示，人福医药 2009 年 12 月 1 日收出中阳线，但留着很长的上影线，说明抛压比较重。第二天该股出乎意料地收出大阳线，多头加强了攻势。可是第三天该股即原形毕露，收出小阳线，股价上攻乏力，盘中出

图1-102  美克股份（美克家居）    600337

图1-103  人福医药  600079

现下行的迹象。这样的走势组合即为升势停顿，说明多头力量难以为继，股价随时可能反转下行。当然这一切都发生在股价已经高高在上的背景下，撇开这个条件，升势停顿就不成立，也许只是上升途中的短暂歇脚。

# 37. 阳线跛脚形

## 图形识别

（1）出现在涨势中。

（2）由三根以上（含三根）的阳线组成。

（3）最后两根阳线都是低开，且最后一根阳线收盘价比前面阳线收盘价要低。

## 后市操作要点

滞涨信号，后市看淡。

## 实战解析

### 【案例1】

如图1-104所示，天邦股份前期大幅反弹，在高位拉出一根大阳线，然后连续出现两根低开的阳线，且最后一根阳线的收盘价要低于前日收盘价，我们称这样的K线组合图形为阳线跛脚形（椭圆内图形）。它表明做多动能已经不足，无力继续推高股价。因此，出现阳线跛脚形意味着股价见顶，上面抛压沉重，多方无力上攻，投资者可以见机卖出股票。

### 【案例2】

如图1-105所示，吉林制药（现名"金浦钛业"）前期大幅上涨后回落。2010年4月20日该股收出中阳线。次日股价低开高走，看似要挑战新

图 1 – 104　天邦股份　002124

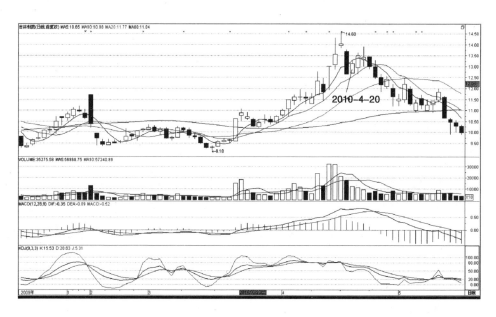

图 1 – 105　吉林制药（金浦钛业）　000545

高。第三天股价依然低开，虽然盘中努力推高股价，但最后已经回落到前日阳线的实体内。这种组合图形就是阳线跛脚形。它说明多头进攻的力量已经严重不足，像跛脚的人走路。此后该股反转下跌，跌幅巨大。因此阳线跛脚形是一个比较可靠的下跌信号，投资者应该对这个信号保持足够的警惕。

## 38. 两阴夹一阳

### ◎ 图形识别

（1）既可出现在涨势中，也可出现在跌势中。

（2）由两根较长的阴线和一根较短的阳线组成，阳线夹在阴线之间。

（3）第三根阴线最好创出新低。

### ◎ 后市操作要点

在涨势中出现，是见顶信号；在跌势中出现，继续看跌。

### ◎ 实战解析

**【案例1】**

两阴夹一阳在不同的行情中有不同的市场含义。如图1-106所示，城投控股自横盘平台破位下跌，走势低迷。2010年5月4日该股收出中阴线，次日小幅反弹，看似有转机，但是第三日一根大阴线创出新低，把做多的希望彻底浇灭。这种两阴夹一阳的组合表明多头还处于弱势地位，稍微一反击就被空头彻底打压，后市自然还会延续低迷走势。该股此后逐浪下跌，跌幅巨大，证明两阴夹一阳的杀伤力。

本例该股的两阴夹一阳出现在下跌途中，后市继续看跌。

**【案例2】**

如图1-107所示，平庄能源前期大幅上涨，涨幅超过50%。2009年

图 1-106　城投控股　600649

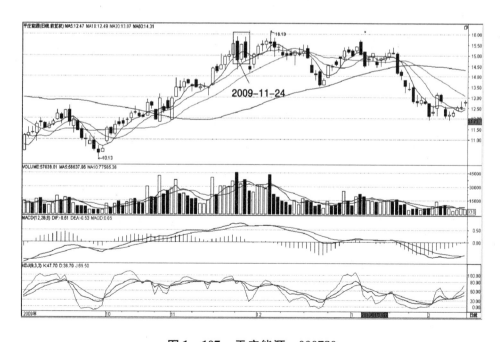

图 1-107　平庄能源　000780

11月24日该股高开低走收出大阴线，这是空头出击的表现，投资者应该小心应对了。次日该股大幅反弹，收出大阳线，不过收盘价没有完全收复失地，留下隐患。第三日该股再度高开低走收出大阴线。至此，一个两阴夹一阳的走势组合形成了。其市场含义就是空头开始出击，虽然多头大力反击，但最终被空头击溃，后市不容乐观，通常会有较大跌幅。

本例该股的两阴夹一阳出现在股价高位，虽然此后仍稍有挣扎，但难改见顶趋势，股价反转下跌已成必然，投资者只能逢高卖出。

# 39. 尽头线

## 图形识别

（1）既可出现在涨势中，也可出现在跌势中。

（2）由一大一小两根K线组成。

（3）出现在涨势中，第一根K线为大阳线或中阳线，并留有一根上影线，第二根K线为小十字线或小阳小阴线，依附在第一根K线的上影线之内。

（4）出现在跌势中，第一根K线为大阴线或中阴线，并留有一根下影线，第二根K线为小十字线或小阳小阴线，依附在第一根K线的下影线之内。

## 后市操作要点

（1）出现在涨势中，是见顶信号；出现在跌势中，是见底信号。

（2）尽头线的上影线或下影线的右方，带着的K线越小（如小十字星），则信号越强。

## 实战解析

【案例1】

如图1-108所示，郑州煤电在2009年11月18日拉出一根中阳线，但留有较长的上影线，说明盘中空头出击，多头有败退迹象，后市需密切观察。次日该股走出一根小阳线，这根小阳线的实体很小，且完全躲藏在前日中阳线的上影线内，我们称这样的 K 线组合图形为尽头线。所谓尽头，自然是行情已经到了尽头，即将发生反转。果然，该股此后立刻应声下落。这说明上升行情中的尽头线预示着股价即将下跌，投资者应及时出逃。

图 1-108　郑州煤电　600121

本例该股的尽头线出现在股价已经大幅上升的背景下。带有长上影线的 K 线说明空头已经开始发动攻击，且成果显著。次日虽然股价上涨，但没有创出新高，说明多头的反击能力有限，后市很可能就此反转下跌。该股后市的疲软表现也证明了尽头线确实是见顶的一个信号。

【案例2】

如图 1-109 所示，大亚科技 2010 年 1 月 18 日收出中阳线，股价创出新高，但留下较长的上影线，给后市的走势留下了隐患。次日该股在上影

线中收出一根小阴线，与前日K线组合成尽头线。这表明上升受阻，空头
已然占据优势，多头即便努力也无法再创出新高。接着该股跳空下行，基
本可以确认阶段性头部形成，此时是最后的出逃机会了。

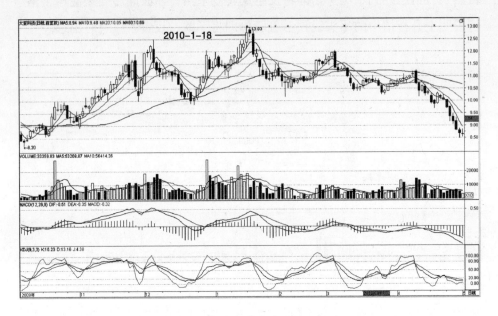

图1－109　　大亚科技　　000910

**【案例3】**

　　如图1－110所示，恒宝股份2010年5月11日高开低走，盘中股价大
幅下挫，不过多头也没有束手就擒，反击颇为有力，最后虽然收阴，但留
下了较长的下影线。次日该股低开，但多头的表现更好，最后在前日K线
的影线里收出小阳线。我们称这样的K线组合为尽头线。这种在低位出现
的尽头线与在高位出现的尽头线恰恰相反。在大幅下跌后出现尽头线说明
多头已经初步站稳脚跟，后市可能会就此反弹甚至反转。

　　本例该股的尽头线出现在股价大幅下跌的背景下，能不能形成反弹甚
至反转还需要后市跟踪观察。该股在尽头线后继续大幅上涨，说明反弹成
立，投资者可以适当买进。该股此后逐浪上涨，甚至创出新高。

图 1-110 恒宝股份 002104

# 40. 阳包阴

（1）在上涨趋势中出现。

（2）前一根为阴线，后一根为阳线，后者将前者实体全部包容在内（不包括上下影线）。

通常是买入信号，但如果股价在高位震荡则可能是诱多，需要小心。

【案例1】

如图 1-111 所示，深长城（现名"中洲控股"）在一波涨势后速度减

缓，于 2009 年 7 月 7 日出现一根小阴线。次日该股拉出一根大阳线，把前一根小阴线全部吞没了。此后股价继续快速上涨。阳包阴是多头强势出击的标志，空头已经放弃抵抗，以致股价大幅拉升。既然多头如此强势，那就意味着后市还有上升动力，投资者可以积极跟进。但是在股价已经大幅上升的情况下则不能预期太大。

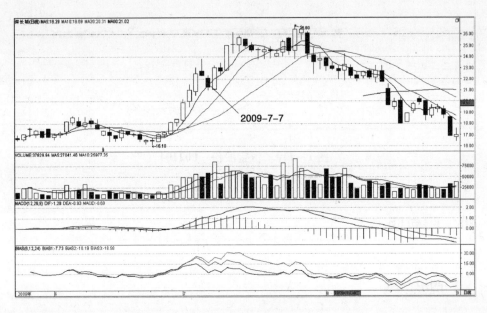

图 1-111　深长城（中洲控股）　　000042

【案例2】

如图 1-112 所示，晨鸣纸业在 2009 年 12 月 7 日走出一根穿头破脚的大阳线，与前日阴线形成阳包阴的组合，看似多头非常强势，可是次日该股即反转下跌，跌幅不小。这是为什么呢？这就需要我们考虑股价的整体位置。该股当时的股价来到前高之下，压力很大，且前期的涨幅不小，处于相对高位。这种情况下就需要小心，因为很可能形成双头的走势。另外，前期的高点是一根带有很长上影线的 K 线，头部特征过于明显，因此即便是出现阳包阴的走势也不能过于乐观，一旦股价反转则需立刻出局。

**图 1-112　晨鸣纸业　000488**

# 41. 阴包阳

 **图形识别**

（1）在上涨趋势中出现。

（2）前一根为阳线，后一根为阴线，后者将前者实体全部包容在内（不包括上下影线）。

**后市操作要点**

如果股价前期涨幅较大，阴包阳是卖出信号。两根 K 线的长短越悬殊，或一根长的 K 线包容前面的 K 线越多，信号的参考价值就越大。

⊙ 实战解析

**【案例1】**

如图 1－113 所示，华业地产（现名"华业资本"）2009 年 11 月 24 日收出一根穿头破脚的大阴线，把前日小阳线轻松吞没，形成阴包阳的组合图形。这说明空头大肆出击，多头已经完全放弃抵抗，导致股价大跌。

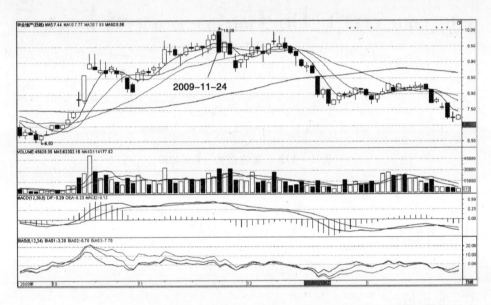

图 1－113　华业地产（华业资本）　　600240

阴包阳通常是股价反转下跌的信号，预示着后市还有较大跌幅。不过，能否形成真正的反转还要看股价的整体位置，如果前期涨幅已经很大，阴包阳则很可能是股价反转的标志，投资者需立刻清仓出局。

**【案例2】**

如图 1－114 所示，华纺股份 2009 年 11 月 23 日收出一根中阳线，但是次日即反转大跌，走出阴包阳的组合图形。这通常是空头出击的信号，股价很可能就此反转下跌。可是该股次日即止跌回升，此后不久更是快速上涨，涨幅巨大。为什么这个阴包阳的组合图形非但没有形成反转，反而股价还暴涨呢？这也需要我们结合股价的整体位置来研判。该股此前缓慢攀升，整体涨幅不大，阴包阳则很可能是主力的打压洗盘行为。做股票要有随机应变的能力，当出现阴包阳后股价不继续下跌时就要意识到这很可能是洗盘行为，我们要做好随时进场的准备。

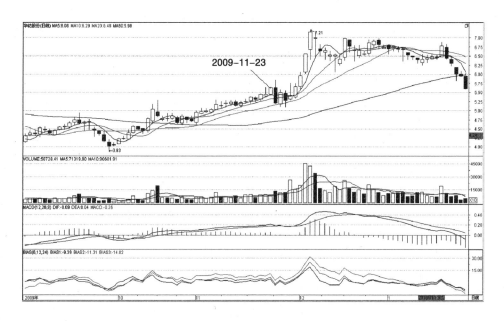

图1-114　华纺股份　600448

# 42. 阳孕阴

## 图形识别

（1）既可在上涨趋势中出现，也可在下跌趋势中出现。

（2）由大小不同的两根K线组成，两根K线可一阴一阳，亦可是两阳或两阴。

◎ **后市操作要点**

（1）在上涨趋势中出现，是卖出信号；在下跌趋势中出现，是买进信号。

（2）若第二根 K 线为十字线，俗称十字胎，是力度最大的 K 线形态之一。

◎ **实战解析**

**【案例1】**

阳孕阴看起来就像健硕的身体内部长了一个肿瘤，未来不容乐观。如图 1－115 所示，中核科技 2010 年 4 月 23 日收出一根大阳线，股价突破横盘区间，看似上升空间已然打开，但当日成交量明显不足，有量价背离的意味，需要谨慎对待。次日股价低开低走，收出小阴线，虽然杀跌幅度不大，但多头显然没有表现出前日大阳线应有的威力，这就更给人多了几分

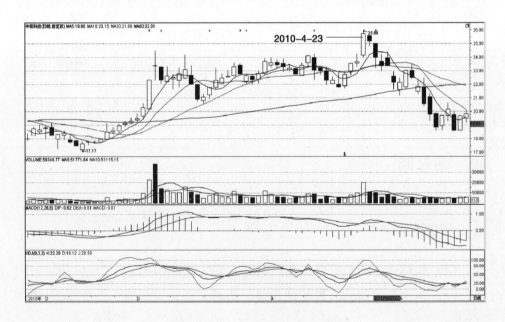

图 1－115　中核科技　000777

怀疑。不过还不能过早下结论，需要继续观察，毕竟股价还没有杀回前高之下。第三日该股跳空下行，此时一切都已明了，前面的突破不过是诱多陷阱，投资者只能趁早离场了。因此判断阳孕阴的市场含义时还需多方考虑，注意跟踪观察。

**【案例 2】**

阳孕阴并不一定是股价反转下跌的信号，这还需要结合股价的整体背景来研判。如图 1-116 所示，宝光股份 2010 年 3 月 11 日走出中阳线，但是次日在中阳线实体内收出一根小阴线，形成我们所说的阳孕阴组合图形。这通常是空头出击的标志，后市需小心股价反转下跌。可是该股次日即涨停，后市更是继续飙升。阳孕阴没有形成反转，反而助涨，这是为什么呢？我们来看该股当时的整体走势。当时该股刚突破前高，上升空间彻底打开。那么此后的阳孕阴就很可能是主力突破后的洗盘，反而给了我们逢低介入的机会。

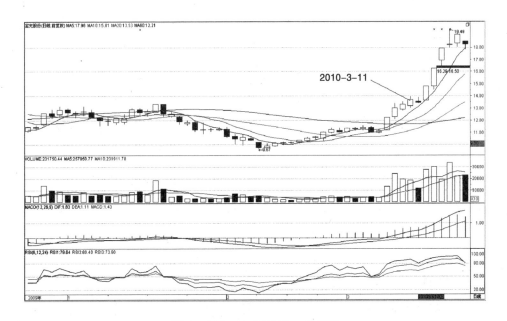

**图 1-116　宝光股份　600379**

## 43. 阴孕阳

### 图形识别

（1）既可在上涨趋势中出现，也可在下跌趋势中出现。

（2）由大小不同的两根K线组成，两根K线可一阴一阳，阳线在阴线的实体内。

### 后市操作要点

（1）在大幅下跌后阴孕阳是见底信号，如果后市继续走强可适当买入。

（2）在下跌初期则是诱多陷阱，投资者应抓住时机出局。

### 实战解析

【案例1】

如图1-117所示，东方宾馆（现名"岭南控股"）2010年5月17日收出一根大阴线，次日在大阴线实体内收出一根小阳线，这就是我们所说的阴孕阳组合图形，预示着多头开始反击，虽然力度不大，但至少是一个积极的信号。我们后市继续观察，如果继续走强则可以适当介入。该股此后果然走高，反弹幅度不小。

阴孕阳能否成为见底信号需要考虑股价的整体位置，如果前期已经大幅下跌，则很可能是见底信号。

【案例2】

并不是所有的阴孕阳都是见底信号，我们一再强调股价的整体位置，这一点很重要。如图1-118所示，天通股份在一波快速上行后股价回落。

图 1－117　东方宾馆（岭南控股）　　000524

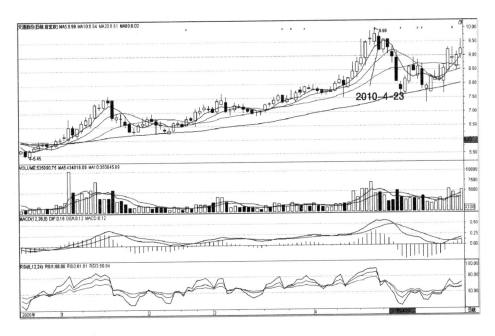

图 1－118　天通股份　600330

2010年4月23日该股收出大阴线，次日在大阴线内部收出中阳线。这根K线有点大，看似多头重新走强。但是该股次日便继续下跌，后市跌幅不小。为什么这里的阴孕阳没有成为底呢？只因为当时该股正处于高位的下跌初期，股价短暂反弹很可能是诱多。

## 44. 镊子线

### ◉ 图形识别

（1）既可出现在涨势中，也可出现在跌势中。

（2）由两大一小的三根K线组成。

（3）三根K线的最高价几乎处在同一水平位置上（从图上看就像有人拿着镊子夹一块小东西）。

### ◉ 后市操作要点

（1）在上涨时出现为头部信号。

（2）在下跌时出现为底部信号。

### ◉ 实战解析

【案例1】

如图1-119所示，华峰氨纶2010年4月15日收出一根中阳线，次日平开低走收出一根小阴线，第三日则高开低走收出中阴线，三根K线的最高价几乎相同。左右两边一阳一阴夹着中间一根小阴线，且三根K线的最高价几乎相同，其形状就像一把夹着东西的镊子，我们称这样的K线组合图形为镊子线。它在高位出现表明多方的上升动能已经快竭尽，股价即将反转向下，投资者见此图形应及时减仓，以免加速下跌时被全部套牢。本例该股的走势就是典型，出现镊子线后该股就反转下跌，后市跌幅巨大。

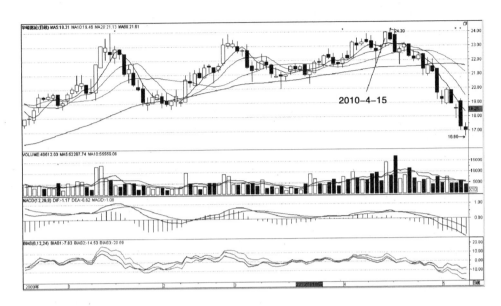

图1-119 华峰氨纶 002064

当然，判断镊子线是否是见顶信号不能脱离股价的整体位置。本例该股前期涨幅较大，当时再度来到前高之下，出现镊子线后见顶的可能性极大。

**【案例2】**

如图1-120所示，创兴置业（现名"创兴资源"）2010年4月8日、4月9日、4月12日三个交易日收出三根最高价几乎相同的K线，我们称之为镊子线。因为该股前期涨幅已经很大，我们基本可以判断这是见顶信号。该股此后持续下跌，跌幅巨大，验证了镊子线的见顶作用。镊子线的关注点在于最高价，三天都无法创出新高，说明上档压力较大，若第三天大幅下跌则基本宣告涨势结束，只能出局观望了。

**【案例3】**

高位的镊子线是见顶信号，低位的镊子线则是见底信号，两者K线阴阳排列的顺序并不一样。如图1-121所示，天通股份2010年7月15日收

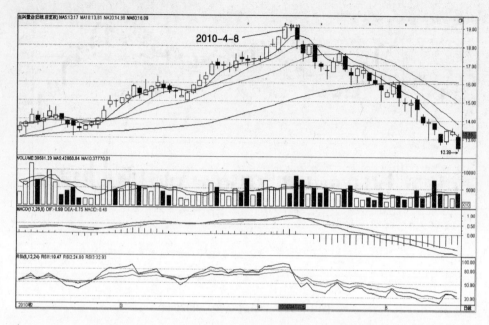

图1-120　创兴置业（创兴资源）　600193

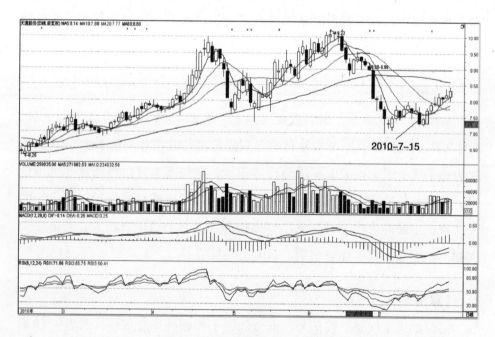

图1-121　天通股份　600330

出一根中阴线，次日收出一根小阳线，第三天收出一根中阳线，这三根 K
线的最低价几乎相同，形成我们所说的镊子线。这说明股价在这个位置得
到市场的认可，是一个有效的支撑位，投资者可以适当介入。该股此后开
始逐步反弹。

**【案例4】**

如图 1-122 所示，新和成前期大幅下跌。2010 年 7 月 2 日该股收出中
阴线，次日在最低价位置收出小阴线，第三天则平开高走收出中阳线，我
们称这三根 K 线为镊子线。这种镊子线的组合各 K 线最低价几乎相同，可
见在这个位置有较强的支撑。投资者可以逢低介入。本例该股在走出镊子
线后稳健上行，涨幅较大。

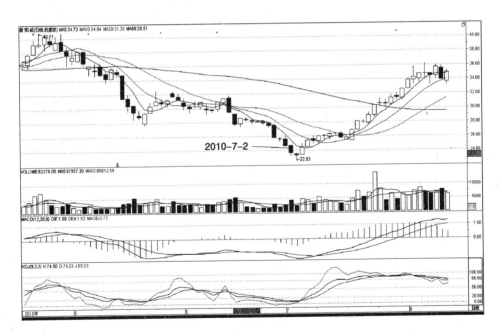

图 1-122　新和成　002001

## 45. 上档盘旋形

### 图形识别

（1）出现在上涨途中。

（2）由若干根或十几根 K 线组成。

（3）在上涨过程中拉出一根较有力度的阳线后，就出现了阴阳交错、上下波动范围很小的横盘走势。

### 后市操作要点

上档盘旋时间在 5～14 天，多数看涨；超过 14 天则多数看跌，因为盘旋时间太久，说明多方上攻愿望不强，因而跌的可能性很大。

### 实战解析

【案例1】

如图 1－123 所示，川化股份（现名"＊ST 川化"）2009 年 7 月 22 日涨停收出一根大阳线，但是此后进入横盘整理中，连续拉出多根小阴线、小阳线，我们称这样的 K 线组合图形为上档盘旋形。它本身没有什么特别的意味，只是表明多空双方呈现胶着状态。后市有待观察。该股此后以一根大阴线宣告股价反转下跌，后市更是持续暴跌。事实上，该股在 7 月 22 日的大阳线虽然很有力，但考虑到该股前期涨幅已经很大，加上当时的大盘也有见顶迹象，我们需要特别小心主力的诱多陷阱。

【案例2】

如图 1－124 所示；山煤国际 2009 年 6 月 26 日大幅上涨，股价突破前

图 1 – 123　川化股份（＊ST 川化）　　000155

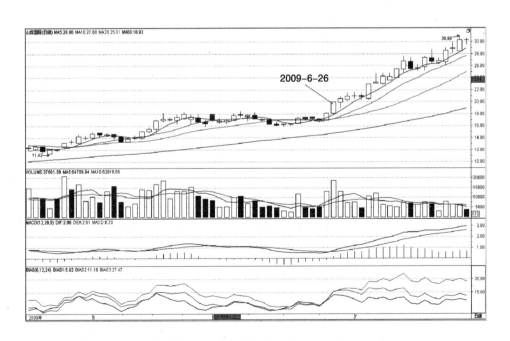

图 1 – 124　山煤国际　600546

高，上升空间打开。可是此后该股并没有直接拉升，而是陷入横盘走势中，连续收出几根小阳线、小阴线。这种盘旋的走势值得我们特别关注，因为这很可能是主力突破后的洗盘动作，一旦洗盘完毕会进入快速拉升阶段，我们可以伺机介入。该股此后的股价也如期飙升。

# 46. 下跌三大阴

## ⚫ 图形识别

（1）出现在跌势中。

（2）由三根阴线组成，阴线多为大阴线或中阴线。

（3）每根阴线都以最低价或次低价报收，最后一根往往是大阴线。

## ⚫ 后市操作要点

（1）在下跌初期出现，继续看跌。

（2）在下跌后期出现，是见底信号。在连续阴跌不止情况下，特别是在股价已有较大跌幅后出现三连阴，表明空方资源已经用尽。

## ⚫ 实战解析

【案例1】

下跌三大阴给人以非常恐怖的感觉，三根大阴线或中阴线，几乎每根都以最低价收盘，空方的力量似乎越来越大。但是我们也不能一概而论。如图1-125所示，格力电器自2009年8月27日起连续拉出三根大阴线，此后股价止跌回升。之前的三大阴可以说是加速赶底的标志，一旦股价止跌企稳我们可以适当参与。另外，该股在下跌后期出现三大阴，成交量也极度萎缩，应该是跌无可跌了。因此，我们看到下跌三大阴时首先应该分辨是出现在下跌初期还是末期，然后结合其他技术指标决定后市操作，不能一见到三大阴就吓得魂不附体，胆大心细的投资者也许可以抄到一个大底。

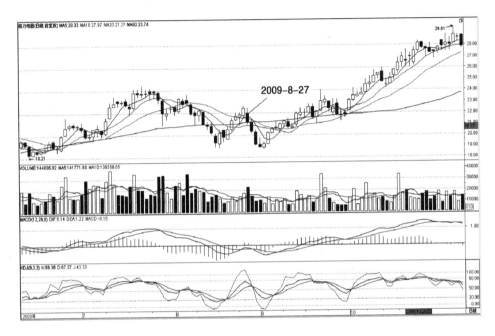

图 1-125  格力电器  000651

【案例 2】

如图 1-126 所示，如意集团自 2010 年 5 月 10 日始连续三天暴跌，短线做空量能得到极大的释放。按常理可以适当参与抢反弹，但因为该股处于下跌初期，投资者还是要小心点，尽量不参与，即便参与也要快进快出，小有获利便可离场了。该股出现三大阴后有一天反弹，此后便继续下跌，足见这种形态的凶险。

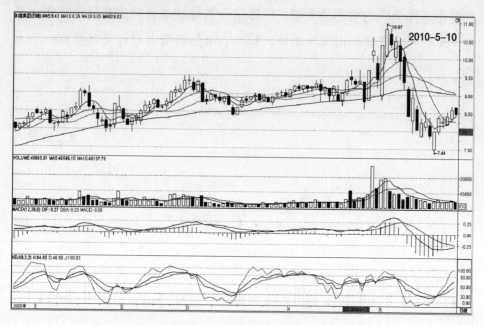

图1-126　如意集团　000626

# 47. 下降抵抗形

## 图形识别

（1）出现在下跌途中。

（2）由若干根阴线和阳线组成，但阴线大大多于阳线。

（3）连续跳低开盘，即使中间收出阳线，但收盘价也要比前一根阴线的开盘价低。

## 后市操作要点

卖出信号，后市看跌。

⊙ **实战解析**

**【案例1】**

如图1-127所示，七喜控股2010年4月27日大幅下跌，走出一阴穿多线的恶劣图形，下跌已经不可阻挡。次日该股虽然低开高走收出中阳线，但无法收复失地。第三日该股继续下跌。我们称这样的K线组合图形为下降抵抗形。2010年5月4日该股低开高走收出小阳线，次日继续上行，但接着又停止反弹继续下跌。这种走势叫抵抗式下跌，因为这些阳线都无法收复失地，只是下跌途中的短暂抵抗，难改股价的整体下跌走势。

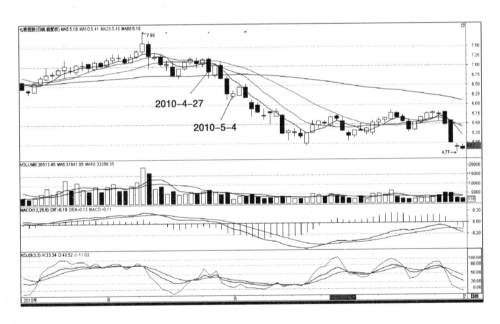

图1-127　七喜控股　002027

**【案例2】**

如图1-128所示，美欣达反弹结束后连续跳空暴跌。2010年4月29日该股继续跳空低开，盘中股价小幅回升，最后收出小阳线，但股价仍低于前日阴线的最低价。这是典型的下跌抵抗形。为什么只是抵抗而不是反

击呢？因为多头实在很虚弱，要不然怎么会连前日阴线的收盘价都不能征服呢？抵抗完毕后将是新的下跌，投资者应趁早离场。

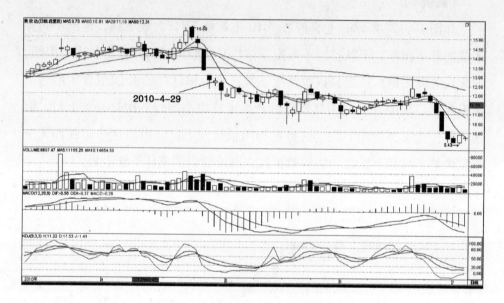

图1-128　美欣达　002034

## 48. 双针探底

**图形识别**

（1）出现在下跌途中。

（2）由两根带长下影线的 K 线组成，可以连续出现，也可以间隔出现。

（3）两根 K 线的最低价相同或者接近。

**后市操作要点**

大幅下跌后是见底信号，后市看涨。

◎ **实战解析**

**【案例1】**

如图1－129所示，六国化工2010年7月2日收出一根长十字线，次日走出一根带长下影线的T字线，两根K线的最低价几乎相同。我们称这样的K线组合为双针探底。它表明空头虽然力图打压股价，但下档接盘非常踊跃，以致一再留下较长的下影线。这通常是见底的信号，投资者可以适当介入，但后市股价若创出新低则需要止损。本例该股此后大幅反弹，投资者收获不小。

**图1－129　六国化工　600470**

**【案例2】**

如图1－130所示，建发股份前期大幅下跌，然后在低位震荡。2010年6月30日，该股收出一根带有长下影线的十字星，次日收出一根小阳线，第三日盘中股价再度大幅下探，不过最后收出中阳线。我们把前面两根带

有长下影线的K线组合称为双针探底。因为其最低价接近，我们可以认定在此位置有较强的支撑，见底的可能性很大，可以在此适当抄底。本例该股此后逐步反弹，涨幅不小。双针探底的可靠性比较高，是普通投资者喜欢利用的一个信号。

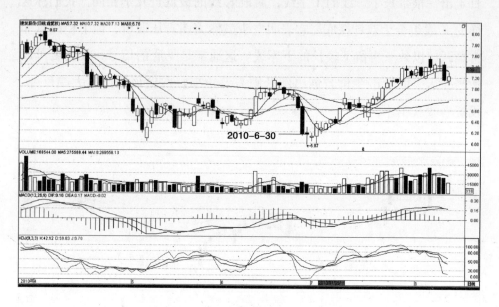

图1-130　建发股份　600153

# K线速成口诀

K线语言打天下，股海遨游我老大。

K线语言信号明，离场速度就它行。

顶部如穿头破脚，遇见就快跑快跑。

顶部如果吊颈线，肯定就是绞刑线。

乌云盖顶狂风吹，乌云压城城欲摧。

倾盆大雨太毒辣，下跌趋势人人怕。


顶部升起螺旋桨，落地就要把你绑。

双飞乌鸦空中叫，顶部转势不祥兆。

三只乌鸦天上飞，高开低走个个黑。

淡友反攻疲愈样，只能适宜来做空。

顶部出射击之星，手中之筹码快清。

平顶图形气数尽，迅速离场我自信。


顶部之身怀六甲，涨跌之细辨真假。

T字线到达顶部，抛筹码不要计数。

见到下跌转折线，细看图形似宝剑。

遇到下降抵抗形，肯定阴线不见晴。

低档盘旋藏杀机，麻痹大意坐滑梯。

黄昏之星走到头，千万别做死多头。

顶部出现塔形顶，空方肯定设陷阱。

顶部出现假三阳，一定离场把它防。

顶部看到搓揉线，赶快离场钱兑现。

空方尖兵真是凶，下影试探求反攻。

遇见下跌三连阴，肯定大跌箭穿心。

一看下跌三颗星，别急仔细要辨清。


涨势尽头线出现，就要下跌把你陷。

降势三鹤落图上，三阳做客喜洋洋。

上档盘旋藏杀机，时间过长会走低。

顶部站着黑三兵，转向定要看得清。

两个黑夹着一红，多方可能要走熊。

顶部一见十字长，快快离场求安详。


徐缓下降逞英雄，再不离场钱袋松。

下跌覆盖线一见，说明头部已出现。

平底出现细观察，试探买入手不麻。

曙光初现地平线，抢点筹码是理念。

旭日东升放光芒，全仓买入就起航。

好友反攻探底明，肩底呼应更见晴。


底部现穿头破脚，又见买入机会来。

底部见到锤头线，双底呼应又出现。

底部身怀六甲形，请试探抢入筹码。

底部螺旋桨现形，只是等待风吹响。

早晨之星东方明，带有缺口更见晴。

末期下跌三连阴，随时进场捡黄金。

二红夹着一个黑，多方笑着送春归。

底部塔形底构成，装水股价起升程。

底部出现十字长，真是典型组合强。

阳线右肩十字长，初涨阶段逞凶狂。

底部见到倒锤头，上影线长喜心头。

升势之中见三鸦，明明蓄势在待发。

多方尖兵真是凶，插入空方阵营中。

底部出现红三兵，均线之上北斗星。

倒 T 字线到底部，上影线长高八度。

底部见到 T 字线，庄家震荡把人骗。

底部见到尽头线，典型组合是宝剑。

底部见到头肩底，关注股价右肩起。

双底图形看颈线，突破回试是关键。

V 形反转真是凶，典型定式记心中。

底部直角三角形，三底相同一线擎。

上升直角三角形，两点买入可真灵。

上升旗形记心中，咬定两点不放松。

下降楔形要记好，图形就是旗三角。

突破缺口向北行，成交量大把它擎。

岛形反转在底部，加仓买入别回吐。

圆底图形细观察，沿着弧度缓慢爬。

高空见到头肩顶，头肩离场脑清醒。

空中出现圆弧顶，缓慢下沉有人领。

尖顶图形气势汹，一飞冲天去无踪。

扩散三角是喇叭，震荡左小右边大。

岛形反转在顶部，卖出就在缺口处。

上升楔形假上攻，最后还是往下冲。

下降旗形是火坑，高点上移假拉升。

下降直角三角形，低点处于同水平。

下降收敛三角形，震荡变小方向明。

（转引自 www. gupiaokxiantu. cn）

# 第二章

# 移动平均线的识别与运用

移动平均线是应用非常广泛的一种技术指标。它构造简单，客观公正，不易人为操作骗线，受到很多股票投资者的青睐。移动平均线目的在于取得某一段时期的平均成本，而以此平均成本的移动曲线配合每日收盘价的线路变化，分析某一期间多空的优劣形势，以研判股价的可能变化。

# 第一节 移动平均线概说

移动平均线是应用非常广泛的一种技术指标。它构造简单，客观公正，不易人为操作骗线，受到很多股票投资者的青睐。移动平均线是用统计处理的方式，将若干天的股票价格加以平均，然后连接成一条线，用以观察股价趋势。移动平均线的理论基础是道·琼斯的"平均成本"概念。移动平均线通常使用的有 3 日、5 日、10 日、30 日、72 日、200 日、288 日、13 周、26 周、52 周等，不一而足，其目的在于取得某一期间的平均成本，而以此平均成本的移动曲线配合每日收盘价的线路变化，分析某一期间多空的优劣形势，以研判股价的可能变化。一般来说，现行价格在平均价之上，意味着市场买力（需求）较大，行情看好；反之，行情价在平均价之下，则意味着供过于求，卖压显然较重，后市看淡。

以 10 日移动平均线为例：将第 1 日至第 10 日的 10 个收盘价累计加起来的总和除以 10，得到第一个 10 日平均价，再将第 2 日至第 11 日收盘价的和除以 10，则为第二个 10 日平均价，这些平均价的连线，即成为 10 日移动平均线。移动平均线的期间长短关系其敏感度，期间愈短敏感度愈高，一般股价分析者通常以 5 日、10 日移动平均线观察短期走势，以 10 日、20 日移动平均线观察中短期走势；以 30 日、60 日移动平均线，观察中期走势；以 120 日、250 日移动平均线，研判长期趋势。西方投资机构非常看重 200 天长期移动平均线，以此作为长期投资的依据，行情价格若在长期移动平均线下，属空头市场；反之，则为多头市场。

## 1. 移动平均线计算方法

（1）日平均价 = 当日成交金额 ÷ 当日成交股数（亦有直接采用当日收

盘价代替日平均价者）。

（2）5日平均价 =（当日平均价 + 前4日平均价 × 4）÷ 5。

（3）10日平均价 =（当日平均价 + 前9日平均价 × 9）÷ 10。

（4）30日、72日、13周、26周等平均价计算方法类推。

其计算公式为 MA =（P1 + … + Pn）÷ n

P 为每天价格，n 为日数。

除了以上这种简单移动平均线外，还有加权移动平均和平滑指数（EAM），其制作方式较为复杂，效果也并不比简单移动平均线好，因此，这里不做进一步探讨。

## 2. 移动平均线的特点

MA 的最基本的思想是消除偶然因素的影响，另外还稍微有一点平均成本价格的含义。它具有以下几个特点。

（1）追踪趋势。

注意价格的趋势，并追随这个趋势，不轻易放弃。如果从股价的图表中能够找出上升或下降趋势线，那么，MA 的曲线将保持与趋势线方向一致，能消除中间股价在这个过程中出现的起伏。原始数据的股价图表不具备这个保持追踪趋势的特性。

（2）滞后性。

在股价原有趋势发生反转时，由于 MA 的追踪趋势的特性，MA 的行动往往过于迟缓，调头速度落后于大趋势。这是 MA 的一个极大的弱点。等MA 发出反转信号时，股价掉头的深度已经很大了。

（3）稳定性。

由 MA 的计算方法就可知道，要比较大地改变 MA 的数值，无论是向上还是向下，都比较困难，必须是当天的股价有很大的变动。因为 MA 的变动不是一天的变动，而是几天的变动，一天的大变动被几天一分摊，变

动就会变小而显不出来。这种稳定性有优点，也有缺点，在应用时应多加注意，掌握好分寸。

（4）助涨助跌性。

当股价突破了 MA 时，无论是向上突破还是向下突破，股价有继续向突破方面再走一程的愿望，这就是 MA 的助涨助跌性。

（5）支撑线和压力线的特性。

由于 MA 的上述四个特性，使得它在股价走势中起支撑线和压力线的作用。

## 3. 移动平均线运用八大法则

通过观察移动平均线可以研判市场的多空倾向。历史上最经典的运用移动平均线的范例莫过于葛兰碧（J. Granvile）的移动平均线运用八大法则。每个投资者都应该牢记于心。

葛兰碧移动平均线运用八大法则：

（1）移动平均线从下降趋势转为上升趋势，股价从移动平均线下方向上突破平均线为买入信号。

（2）股价向下跌破移动平均线，但很快又回到移动平均线之上，移动平均线仍然保持上升趋势，为买入信号。

（3）股价位于移动平均线之上，短期下跌但未向下穿越移动平均线，是买入信号。

（4）股价暴跌，跌破移动平均线后远离移动平均线，为买入信号。

（5）移动平均线由上升趋势转为盘局或下跌，最后一日收市价向下跌破平均线，为卖出信号。

（6）股价向上突破移动平均线但很快又回到平均线之下，移动平均线仍然维持下跌局面，为卖出信号。

（7）股价在移动平均线之下，短期向上但并未突破移动平均线且立即转为下跌，为卖出信号。

（8）股价暴涨向上突破移动平均线，且远离移动平均线，为卖出信号。

## 4. 移动平均线与股票买卖时机

具体而言，我们可以借助以下的经验来研判股票，以便把握股票买卖时机。

（1）平均线由下降逐渐走平，而股价自平均线的下方向上突破是买进信号。当股价在移动平均线之下时，表示买方需求太低，以至于股价大大低于移动平均线，这种短期的下降给往后的反弹提供了机会。这种情况下，一旦股价回升，便是买进信号。

（2）当股价在移动平均线之上产生下跌情形，但是刚跌到移动平均线之下时便开始反弹，这时，如果股价绝对水平不是很高，那么这表明买压很大，是一种买进信号。不过，这种图表在股价水平已经相当高时，并不一定是买进信号，只能做参考之用。

（3）移动平均线处于上升之中，但实际股价发生下跌，未跌到移动平均线之下，接着又立即反弹，这里也是一种买进信号。在股价的上升期，会出现价格的暂时回落，但每次回落的绝对水平都在提高。所以，按这种方式来做决策时，一定要看股价是否处于上升期，是处于上升初期还是上升晚期。一般来说，在上升初期，这种规则适用性较大。

（4）股价趋势线在平均线下方变动加速下跌，远离平均线，为买进时机，因为这是超卖现象，股价不久将重回平均线附近。

（5）平均线走势从上升趋势逐渐转变为盘局，当股价从平均线上方向下突破平均线时，为卖出信号。股价在移动平均线之上，显示价格已经相当高，且移动平均线和股价之间的距离很大，意味着价格可能太高，有回跌的可能。在这种情况下，股价一旦出现下降，即为抛售信号。不过，如

果股价还在继续上涨，那么，可采用成本分摊式的买进，即随着价格上涨程度的提高，逐渐减少购买量，以减小风险。

（6）移动平均线缓慢下降，股价虽然一度上升，但刚突破移动平均线就开始逆转向下，这可能是股价下降趋势中的暂时反弹，价格可能继续下降，因此是一种卖出信号。不过，如果股价的下跌程度已相当大，那么，这种规则就不一定适用，它可能是回升趋势中的暂时回落。因此，投资者应当做仔细的分析。

（7）移动平均线处于下降趋势，股价在下跌过程中曾一度上涨到移动平均线附近，但很快又处于下降状态，这时是一种卖出信号。一般来说，在股市的下降过程中，常会出现几次这种卖出信号，这是下降趋势中的价格反弹，是一种短期现象。

（8）股价在平均线上方突然暴涨，向上远离平均线为卖出时机，因此这是超卖现象，股价不久将止涨下跌回到平均线附近。

（9）长期移动平均线呈缓慢的上升状态，而中期移动平均线呈下跌状态，并与长期移动平均线相交。这时，如果股价处于下跌状态，则可能意味着狂跌阶段的到来，这里是卖出信号。需要注意的是，在这种状态下，股价在下跌的过程中有暂时的回档，否则不会形成长期移动平均线和中期移动平均线的交叉。

（10）长期的移动平均线（一般是26周线）是下降趋势，中期的移动平均线（一般是13周线）在爬升且速度较快，超越长期移动平均线，那么，这可能意味着价格的急剧反弹，是一种买进信号。出现这种情况一般股价仍在下跌的过程中，只不过中期的下跌幅度要低于长期的下跌幅度。

也有股民朋友总结出这样的经验，我们可以借鉴一下。

（1）股市进入多头市场时，股价从下向上依次突破5日、10日、30日、60日移动平均线。

（2）当多头市场进入稳定上升时期时，5日、10日、30日、60日移动平均线均向右上方移动，并依从上而下的顺序形成多头排列。

（3）当10日移动平均线由上升移动而向右下方反折下移时，30日移动平均线却仍向右上方移动，表示此段下跌是多头市场的技术性回档，涨势并未结束。

（4）如果30日移动平均线也跟随10日移动平均线向右下方反折下跌，而60日移动平均线仍然向右上方移动，表示此波段回档较深，宜采取出局观望为主。

（5）如果60日移动平均线也跟随10日、30日移动平均线向右下方反转而下跌，表示多头市场结束，空头市场来临。

（6）盘整时，5日、10日、30日移动平均线会纠缠在一起，如盘局时间延长，60日移动平均线也会与之黏合在一起。

（7）大势处于盘局时，如5日、10日移动平均线向右上方突破上升，则后市必然盘高；如5日、10日移动平均线向右下方下行，则后市必然盘跌。

（8）当股市由多头市场转入空头市场时，股价首先跌破5日、10日移动平均线，接着依次跌破30日、60日移动平均线。

（9）空头市场中移动平均线反压在股价之上并向右下方移动，其排列顺序从下向上依次为股价、5日、10日、30日、60日移动平均线，即呈空头排列。

（10）空头市场中，如股价向上突破5日、10日移动平均线并站稳，是股价在空头市场中反弹的征兆。

（11）在空头市场中，如股价向上突破5日、10日移动平均线后又站上30日移动平均线，且10日移动平均线与30日移动平均线形成黄金交叉，则反弹势将转强，后市有一定上升空间。

（12）空头市场中，如股价先后向上突破了5日、10日、30日移动平均线，又突破了60日移动平均线，则后市会有一波强力反弹的中级行情，甚至空头市场就此结束，多头市场开始。

## 5. 移动平均线的优点与缺点

优点：

（1）使用移动平均线可观察股价总的走势，不考虑股价的偶然变动，这样可自动选择出入市的时机。

（2）平均线能显示"出入货"的信号，将风险水平降低。无论平均线变化怎样，但反映买或卖信号的途径都一样。若股价（一定要用收市价）向下穿破移动平均线，便是出货信号，反之，若股价向上冲破移动平均线，便是入货信号。利用移动平均线，作为入货或出货信号，通常能获得颇可观的投资回报率，尤其是当股价刚开始上升或下降时。

（3）平均线分析比较简单，使投资者能清楚了解当前价格动向。

缺点：

（1）移动平均线变动缓慢，不易把握股价趋势的高峰与低谷。

（2）在价格波幅不大的调整期间，平均线折返往复于价格之中，出现上下交错型的出入货信号，使分析者无法定论。

（3）平均线的日数没有一定标准和规定，常根据股市不同发展阶段的特性，分析者思维定性而各有不同，投资者在拟订计算移动平均线的日子前，必须先清楚了解自己的投资目标。若是短线投资者，一般可以选用5日、10日移动平均线，中线投资者应选用60日、90日移动平均线，长期投资者则应选用250日移动平均线。很多投资者选用250日移动平均线，判断现时市场是牛市或熊市。若股价在250日移动平均线之下，则是熊市；相反，若股价在250日移动平均线之上，则是牛市。为了避免平均线的局限性，更有效掌握买卖的时机，充分发挥移动平均线的功能，一般将不同期间的平均线予以组合运用，目前市场上常用的平均线组合有"6日、12日、24日、72日、220日平均线"组合；"10日、25日、73日、146日、292日平均线"组合等，组内移动平均线的相交与同时上升排列或下跌排列均为趋势确认的信号。

# 第二节　移动平均线图形的识别与运用

## 1. 多头排列

### 🔘 图形识别

（1）出现在涨势中。

（2）由三根或以上移动平均线组成，其排列顺序是：最上面一根是短期均线，中间一根是中期均线，最下面一根是长期均线。

（3）三根均线呈向上圆弧状。

### 🔘 后市操作要点

（1）做多信号，继续看涨。

（2）在多头排列初期和中期，可积极做多，在其后期应谨慎做多。

### 🔘 实战解析

**【案例1】**

如2－1图所示，华意压缩在2010年3月19日股价大涨，突破此前的横盘区间，上升空间打开。此时的平均线系统也由胶着状态转为向上发散状态。这就是我们平常所说的平均线多头排列，说明中长期走势向好，多期股价加速上行。这是多头控制局面的最好表现，后市应该还有更大涨幅，投资者可以积极介入或者持股。该股后市的表现也没有让人失望。

多头排列是强势行情的特征之一，期间虽然有短期的回调，但幅度不会很大，反而是逢低加仓的良好时机。

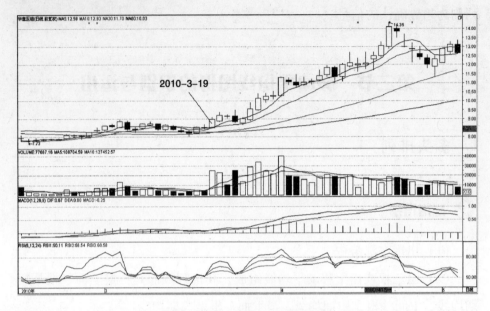

图2-1　华意压缩　000404

【案例2】

如图2-2所示，洪城水业于2010年2月3日收出中阳线，同时平均线形成金叉。此后平均线系统向上发散，呈现多头排列，说明股价走势趋强，后市还有上升空间，投资者可以积极介入。该股此后走势非常稳健，虽然不是黑马表现，但整体涨幅也不小。

如果平均线呈现多头排列，我们就坚定持股，直到平均线系统呈现空头排列才离场。

## 2. 空头排列

**图形识别**

（1）出现在跌势中。

（2）由三根移动平均线组成，其排列顺序是：最上面一根是长期平均

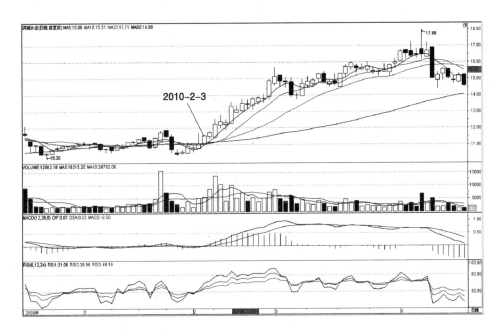

2010-2-3

**图 2 - 2　洪城水业　600461**

线，中间一根是中期平均线，最下面一根是短期平均线。

（3）三根平均线呈向下圆弧状。

**○ 后市操作要点**

（1）做空信号，继续看跌。

（2）在空头排列初期和中期，应以做空为主，在其后期应谨慎做空。

**○ 实战解析**

【案例1】

如图2-3所示，南京银行于2010年4月16日收出中阴线，同时平均线形成死叉，此后平均线系统向下发散，呈空头排列，说明股价走势已坏，投资者应尽快离场。一般来说，出现空头排列预示着股票进入了下跌趋势，空方占据主导地位。

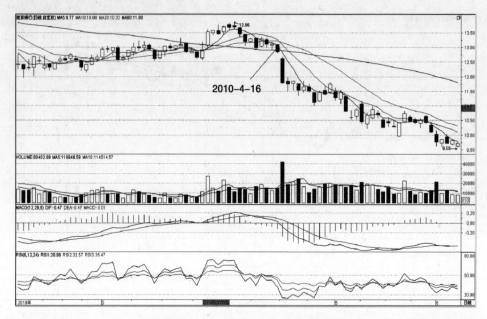

图 2 – 3    南京银行    601009

在空头排列中，即使有略微反弹，但只要没有有效突破均线的压制，投资者就不能轻率地进场，小心掉入多头陷阱中。就像本例一样，该股在均线下运行了一段时间后，开始有了点起色，股价逐步走平，但碰到均线时，便再无力向上，在空方的强力打压下调头向下，投资者如果在反弹启动后就盲目进场做多，很有可能被套牢。因此，稳健的投资者都是等股价突破均线压制并发出有效信号后再进场参与。

【案例2】

如图 2 – 4 所示，福耀玻璃前期在一个平台横盘整理。2010 年 4 月 19 日该股收出一根大阴线，虽然还没有跌破横盘平台，但此时的平均线系统开始呈现明显的空头排列，这是空头全面掌控局势的标志，后市应该还有更大跌幅，投资者应该无条件割肉出局，不需要等待跌破横盘平台了，能逃多快就逃多快。

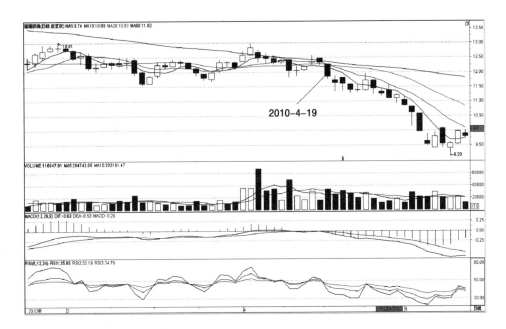

图 2 - 4 福耀玻璃 600660

# 3. 均线金叉

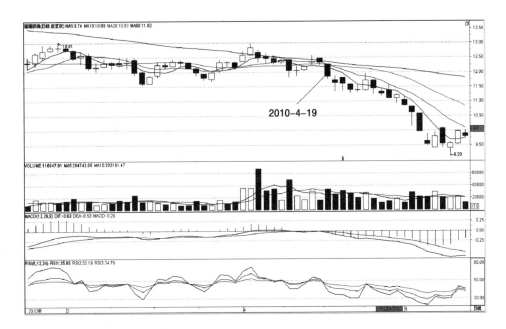 **图形识别**

（1）出现在涨势初期。

（2）由两根移动平均线组成，一根周期短的平均线由下而上穿过一根周期长的平均线，且周期长的平均线在向上运行。

**后市操作要点**

（1）见底信号，后市看涨。

（2）股价大幅下跌后，出现该信号，可积极做多。

（3）中长线投资者可在周 K 线或月 K 线出现该信号时买进。

◯ 实战解析

【案例1】

如图2-5所示，万家乐前期大幅下跌。2010年2月11日该股大幅上涨收出大阳线，同时5日线与10日线形成金叉，这说明短线多头占据优势。投资者此时可以适当参与，但是需要小心谨慎，因为这种金叉还只是反弹的标志，并不是全面做多的反转信号。2010年2月24日该股继续上涨，此时5日线与20日线产生金叉，这说明反弹进一步深入，做多趋势越来越明朗，投资者可以适当加码。此后该股震荡横盘，最后脱离横盘区域上行，平均线呈现多头排列，这才是全仓杀入的时机。

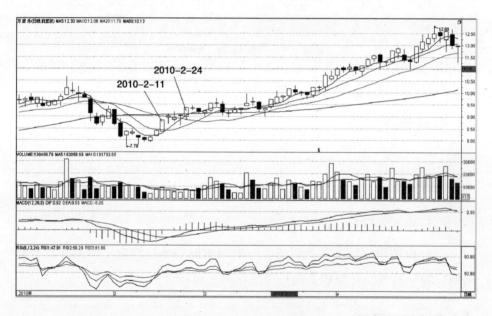

图2-5　万家乐　000533

【案例2】

如图2-6所示，西藏城投在2010年3月16日涨停突破，同时5日线与10日线形成金叉，这是短线多头强势的表现。另外该股的中长期平均线上行，说明中长期走势向好。这种有中长期平均线支撑的短周期平均线金叉表明短线调整到位，是股价再度启动的标志，投资者可以积极跟进。该股此后果然大幅拉升。

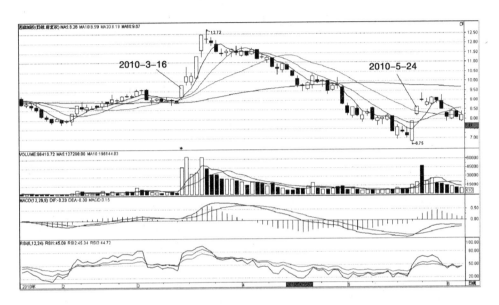

图 2 – 6　西藏城投　600773

我们再看看该股 2010 年 5 月 24 日的金叉，当时股价已经大幅下跌，短线反弹导致平均线金叉，虽然走势强劲，但不能太乐观，因为上面有中长期平均线压着，只能按反弹来操作。

## 4．死亡交叉

◎ 图形识别

（1）出现在涨势初期。

（2）由两根移动平均线组成，一根周期短的平均线由上而下穿过一根周期长的平均线，且周期长的平均线在向下运行。

◎ **后市操作要点**

（1）见顶信号，后市看跌。

（2）股价大幅上涨后，出现该信号，适时卖出股票。

（3）中长线投资者可在周 K 线或月 K 线出现该信号时卖出股票。

◎ **实战解析**

**【案例1】**

如图 2－7 所示，郑州煤电 2010 年 4 月 19 日跳空暴跌，同时 5 日线和 10 日线先后与 20 日线产生死叉，这是中短期空头明显占据优势的表现，后市应该还会继续下跌，投资者应该及时出逃。从整体来说，该股处于长期下跌趋势中，因此这个死叉表明反弹结束，后市重归跌势。2010 年 4 月 29 日，该股的 10 日线与 60 日线形成死叉，更加证明中长期走势依然低迷，后市下跌空间还很大，投资者只能无条件割肉出局。

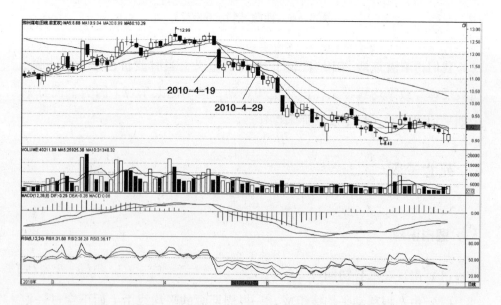

图 2－7　郑州煤电　600121

**【案例2】**

如图 2 - 8 所示，太原重工 2009 年 11 月 26 日收出大阴线，同时 5 日线与 10 日线形成死叉，这是短线走势变坏的标志，同时 K 线走出一个阴夹阳的恶劣形态，更加可以确认已经形成阶段性顶部，短线投资者应该及时出局。2009 年 12 月 22 日，该股继续走低，同时 5 日线与 60 日线形成死叉，这表明中长期走势都已经变坏，投资者可以考虑清仓出局。该股此后虽然有一个较大的反弹，但难改长期走势变坏的趋势，后市跌幅较大。

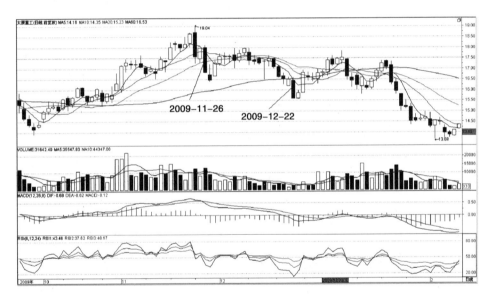

图 2 - 8　太原重工　600169

# 5. 银山谷

**图形识别**

（1）出现在上涨初期。

（2）由三根移动平均线交叉组成，形成一个尖头向上的不规则三角形。

◎ **后市操作要点**

（1）见底信号，后市看涨。

（2）激进的投资者见此信号，可以考虑适量做多。

◎ **实战解析**

**【案例1】**

如图2-9所示，宁波富达2008年11月14日收出小阳线，从K线看没有多大特色，但是此时的平均线系统已经发生了很大的改变——5日线、10日线和20日线先后产生金叉，形成一个尖角向上的三角形，我们称之为银山谷。这表明短线多头已经占据了明显的优势，通常后市还有上升空间，只要股价不跌回到银山谷之内，我们都可以持股。

图2-9　宁波富达　600724

银山谷是股价自低位反弹一段时间后形成的，从中长期角度来说还不能确认走势变好，但是对于短线投资者来说是个不错的进场时机。利用银山谷信号进场时需要做好止损，一旦股价跌回银山谷就需及时止损出局。

**【案例2】**

如图2-10所示，金发科技2010年2月10日收出中阳线，同时5日线与10日线形成金叉，这是一个良好的开端，表明短线多头在持续走好。此后5日线与20日线形成金叉，10日线与20日线形成金叉，一个银山谷形成，短线投资者可以适当介入。不过该股此后的涨幅并不大，且股价很快跌回银山谷之内，需要暂时出局。这个例子也说明银山谷并不是一个中长线进场的信号。

图2-10 金发科技 600143

## 6. 金山谷

### 图形识别

（1）出现在银山谷之后。

（2）与银山谷基本相同。

（3）金山谷既可以处于与银山谷相近的位置，也可以高于银山谷。

### 后市操作要点

（1）买进信号，后市看涨。

（2）稳健的投资者可以积极买进股票。

### 实战解析

【案例1】

如图 2-11 方框内图形所示，该股的短期平均线由下而上穿过中期平均线和长期平均线，中期平均线由下而上穿过长期平均线，从而形成一个尖头向上的不规则三角形，我们习惯把这样的不规则三角形称为银山谷或金山谷。银山谷和金山谷表明多方在此处积蓄了足够的上攻能量，预示股价将上升，投资者可以适当做多。

至于什么是银山谷，什么又是金山谷，从图形上是无法分辨的，一般只是从时间先后上划分——先出现的叫作银山谷，后出现的叫金山谷。通常金山谷的位置要高于银山谷，但这也不是绝对的。

既然金比银要值钱，那自然金山谷比银山谷要更有价值。一般而言，银山谷就是买入信号，但其可靠性比金山谷发出的信号要差点。因为金山谷的出现既是对银山谷买进信号的进一步确认，又说明多方在有了前次的上攻经验后，这次蓄势更加充分，成功的概率自然要更大些。

**图 2 - 11　滨州活塞（渤海活塞）　600960**

投资者为稳妥起见，等到金山谷出现后再买进把握更大些。可是，并不是每次出现银山谷后就必然出现金山谷，股价也可能就直接往上冲了，根本没有给等待金山谷的投资者机会。这说明，稳妥是需要牺牲机会的。从市场实战来看，投资者可以在银山谷出现时就开始部分建仓，那样即使后面没有机会再继续建仓，也不至于全部错过这次机会——当然，在银山谷建仓冒的风险大些。

**【案例2】**

如图 2 - 12 所示，东北制药 2008 年 11 月 18 日虽然股价大跌，但获得了 60 日平均线的支撑，且此时 5 日线、10 日线和 20 日线形成银山谷，这是短线投机者进场的时机，只要股价不跌回银山谷之内就可以持股。此后该股震荡上行。2009 年 1 月 14 日该股形成金山谷，这是投资者进场的绝佳时机。此后该股台阶式攀升，整体涨幅巨大。

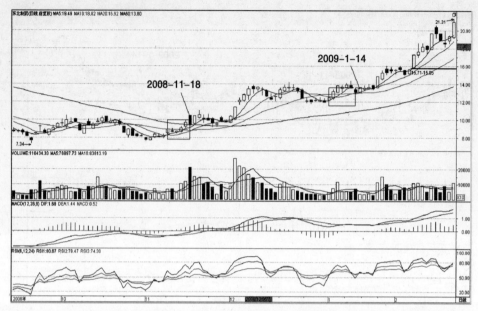

图 2－12　东北制药　　000597

# 7．死亡谷

**图形识别**

（1）出现在下跌初期。

（2）由三根移动平均线交叉组成，形成一个尖头向下的不规则三角形。

**后市操作要点**

（1）见顶信号，后市看跌。

（2）投资者见此信号应及时卖出股票，特别是在股价大幅上扬后出现此图形时更应该立刻清仓离场。

⊙ **实战解析**

**【案例1】**

如图 2－13 所示，上海新梅（现名"＊ST 新梅"）反弹结束后再度下跌。2010 年 4 月 13 日该股的 5 日线与 10 日线形成死叉，此后再出现两个平均线死叉，从而形成一个尖头向下的不规则三角形，我们习惯把这样的不规则三角形称为死亡谷。顾名思义，死亡谷肯定是投资者的禁区。它表明在此处空方积蓄了足够的下跌能量，预示着股价将大幅下挫，投资者见此信号当然是赶紧逃跑为妙，否则将死无葬身之地。本例该股此后快速下行，跌幅巨大，投资者如果能在死山谷形成时及时出逃就可以避免后面巨大的损失。

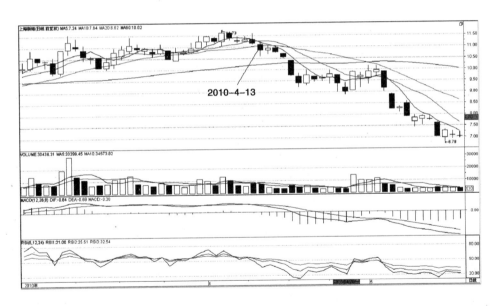

**图 2－13 上海新梅（＊ST 新梅） 600732**

**【案例2】**

如图 2－14 所示，中天城投自高位反转下行，2009 年 12 月 14 日该股的 5 日线与 10 日线形成死叉，此后不久死山谷形成，表明走势已经彻底变

坏。死山谷通常会形成巨大的压力区。本例该股此后的反弹就明显受制于
死山谷，然后继续大幅下跌。死山谷是比较可靠的下跌信号，投资者应该
果断清仓出局，不能有半点侥幸心理。

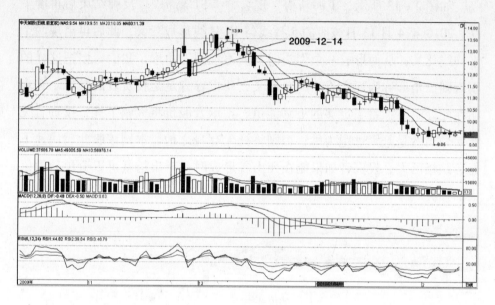

图 2－14　中天城投　000540

## 8. 首次黏合向上发散形

### 🔘 图形识别

（1）既可以出现在下跌后横盘末期，也可以出现在上涨后横盘末期。

（2）短期平均线、中期平均线、长期平均线同时以喷射状向上发射。

（3）几根平均线发散前曾黏合在一起。

### 🔘 后市操作要点

（1）买进信号，后市看涨。

（2）激进型投资者可以在向上发散初期买进。

## 实战解析

**【案例1】**

如图 2-15 所示，德赛电池自低位反转上升，上涨一段后在一个位置长时间横盘，此时 5 日线、10 日线和 20 日线黏合在一起。2010 年 4 月 14 日该股收出中阳线，股价开始突破上行，此时几根均线也开始向上发散，呈现多头排列形状，我们称之为首次黏合向上发散形。它表明多头开始发力，股价将上涨，投资者可以择机做多。但是在实战中，我们经常发现首次黏合向上发散形后市的走势并不尽如人意，很多情况都是发散不久便又黏合在一起，让投资者莫名其妙。其实首次黏合向上发散形后市向好必须有成交量的配合，没有成交量的发散向上是没有持续性的。另外均线向上发散的时间越久，后市风险也越大；均线间的距离拉得越大，离回抽的时间也越近，回抽的幅度也更大。

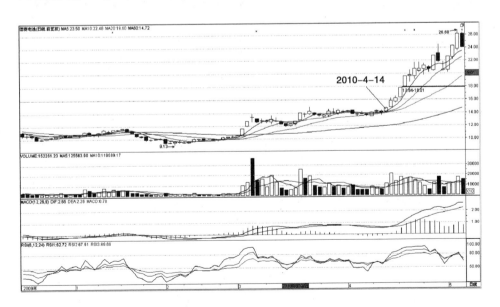

**图 2-15 德赛电池 000049**

**【案例2】**

如图 2-16 所示，中成股份自低位逐浪上升。2009 年 11 月 3 日之前该股窄幅横盘，平均线黏合在一起。这是一个震荡洗盘过程，投资者不必惊慌。11 月 3 日该股大幅上涨，此时的平均线也由黏合开始向上发散。这是一个积极的信号，说明多头开始发力，投资者可以积极跟进。该股此后逐浪上升，涨幅巨大。第一次黏合股价通常还处于低位，一旦开始发散则是很好的介入时机。

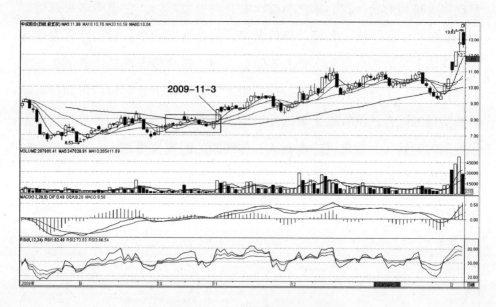

图 2-16　中成股份　000151

## 9. 首次黏合向下发散形

**图形识别**

（1）既可出现在上涨后横盘末期，也可出现在下跌后横盘末期。

（2）短期平均线、中期平均线、长期平均线，以瀑布状向下发散。

（3）几根平均线发散前黏合在一起。

## 后市操作要点

（1）卖出信号，后市看跌。

（2）投资者见此信号应及时卖出股票。

## 实战解析

### 【案例1】

如图2-17所示，东方宾馆（现名"岭南控股"）前期大幅上涨，然后在高位横盘震荡，平均线逐渐黏合在一起。2010年4月15日该股跳空下行，此时几根均线也跟随向下发散，呈现空头排列形状，我们称之为首次黏合向下发散形。它表明多空交战已经以空头获胜告终，股价将继续下跌，投资者应该立刻清仓出局。该股在向下发散后连续大跌，跌幅甚大，如果能在第一时间出逃就可以避免不必要的损失。

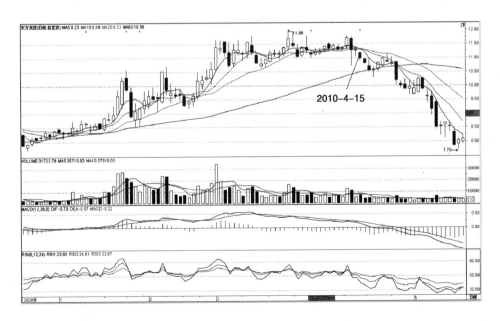

图2-17　东方宾馆（岭南控股）　000524

**【案例2】**

如图 2－18 所示，广宇发展大幅上涨后在高位震荡横盘，平均线也逐渐黏合在一起。这是变盘的前兆。2010 年 4 月 12 日该股暴跌，股价破位下跌，更为糟糕的是此时黏合的平均线也就此开始向下发散，呈现明显的空头排列，这是空头占据全面优势的表现，后市必定还会大幅下跌，投资者只能及时止损出局。该股后市的走势也果然如此。

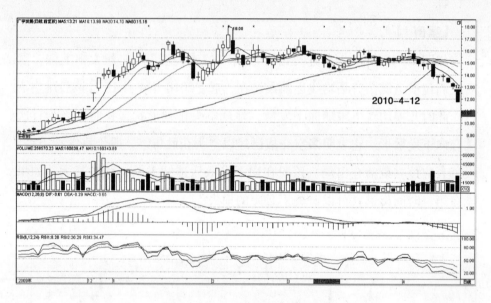

图 2－18　广宇发展　000537

# 10. 首次交叉向上发散形

### 图形识别

（1）出现在下跌后期。

（2）短期平均线、中期平均线、长期平均线从向下发散状逐渐收敛后再向上发散。

## ◎ 后市操作要点

（1）做多信号，后市看涨。

（2）激进型投资者可以在向上发散初期买进。

## ◎ 实战解析

### 【案例1】

如图2-19所示，中原环保前期在低位宽幅震荡，有筑底迹象。2009年11月3日该股大涨，此时多根平均线形成交叉，然后平均线继续向上发散，呈现多头排列形状，我们称之为首次交叉向上发散形。它表明多头已经占据全面优势，股价将继续上涨，投资者可以在平均线交叉时积极买进。该股后市逐浪上行，整体涨幅不小。本例的首次交叉向上发散成为买点是因为有前期长时间的横盘筑底作铺垫，蓄势较为充分，平均线交叉向上时买进自然非常安全。

图2-19　中原环保　000544

**【案例2】**

　　如图2-20所示，湖南投资前期大幅下跌，下跌末端跌势趋缓，收出众多的小阴线、小阳线，股价有止跌迹象。此后股价小幅回升。2008年11月10日该股收出中阳线，此时5日线和10日线也相继与20日线产生金叉，这是一个积极的信号，虽然是平均线第一次交叉向上发散，但因为该股前期下跌幅度巨大，我们基本可以确认将有较大的反弹，可以积极介入。该股此后的表现也果然没有让人失望。

图2-20　湖南投资　000548

# 11. 首次交叉向下发散形

## 图形识别

　　（1）出现在涨势后期。

　　（2）短期平均线、中期平均线、长期平均线从向上发散状逐渐收敛后再向下发散。

## 后市操作要点

（1）做空信号，后市看跌。

（2）投资者见此信号应及时卖出股票。

## 实战解析

### 【案例1】

如图 2-21 所示，泰山石油自高位反转下行，股价在下行的过程中，其平均线系统先后形成交叉，呈现空头排列形状，我们称之为首次交叉向下发散形。投资者在此时应及时清仓出局。

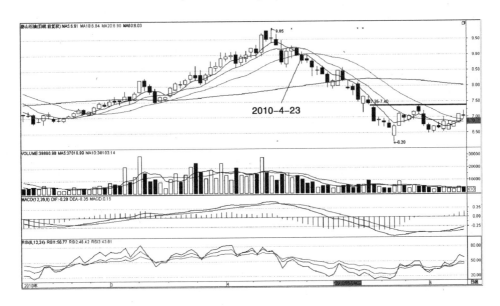

图 2-21　泰山石油　000554

本例该股在 2010 年 4 月 23 日前后平均线形成多个死叉，表明空头已经占据绝对优势，股价走势进入明显的空头趋势中。只是这里的平均线参数取值比较小，最多代表着中期走势变坏，长期趋势还得看更长的时间周期。

**【案例2】**

如图2-22所示，海南海药前期大幅上涨后在高位震荡，平均线纠缠在一起。2009年11月26日该股大幅下挫，此时5日线、10日线先后与20日线产生死叉，平均线呈现空头发散。这是空头掌控局势的表现，后市应该还有更大跌幅，投资者只能尽快离场。本例该股的首次交叉向下发散发生在高位震荡之后，主力应已成功潜逃，平均线向下发散预示着股价大跌已经不可避免了。此后该股的走势也如期大幅下跌。

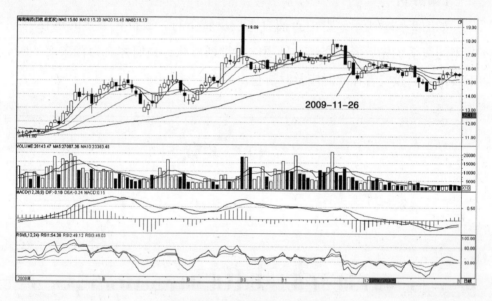

图2-22　海南海药　000566

## 12. 再次黏合向上发散形

⊙ **图形识别**

（1）出现在涨势中。

（2）几根平均线在这次向上发散前曾有过一次向上发散（可以是黏合

向上发散，也可以是交叉向上发散），但不久向上发散的平均线又重新黏合在一起。

（3）短期平均线、中期平均线、长期平均线再次以喷射状向上发射。

### 后市操作要点

（1）买进信号，继续看涨。

（2）平均线再次向上发散的最佳买进点应在第二次向上发散处，如均线出现第三次、第四次向上发散但力度不如第二次发散，买进需要谨慎。

### 实战解析

**【案例1】**

如图 2-23 所示，苏常柴 A2009 年 3 月 30 日前有一个横盘过程，平均线黏合在一起。此后平均线向上发散，这是一个很好的买点。事实上该股此前已经有一次黏合向上发散，此次再度黏合后向上发散，呈现多头排列形状，我们称之为再次黏合向上发散形。它预示着股价将上涨，投资者可

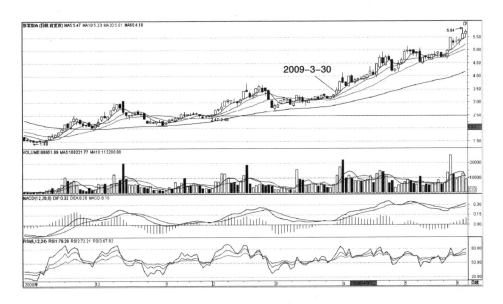

图 2-23 苏常柴 A 000570

以在第二次黏合向上发散初期积极买进。为什么要经过两次黏合才向上发散呢？有两种可能。一是该股过去长期没有什么起色，一旦略有上扬，便有很多持股者抛出股票离场。二是庄家故意打压股价，吓跑散户，达到吸筹的目的。投资者应该以不变应万变，在第二次向上发散时更应该坚决买进股票。我们看到该股在第二次向上发散时伴随着温和放量，做多信号明显。该股在此后一路上涨，涨幅甚大。

**【案例2】**

如图2-24所示，古井贡酒2009年7月7日涨停突破，此前黏合的平均线也就此向上发散。事实上这次黏合后发散是第二次了。这说明该股经过反复蓄势终于到了爆发的时间了。当股价运行在上升趋势中时，平均线黏合一般说明是主力在震荡洗盘，如果经过两次洗盘，那说明多头主力已经蓄势非常充分，后市快速上升只是个时间问题。因此再次黏合向上发散是极佳的买入时机。该股后市的走势也验证了这一点。

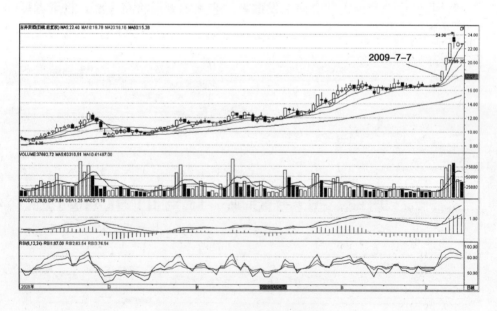

图2-24　古井贡酒　000596

## 13. 再次黏合向下发散形

### ◎ 图形识别

（1）出现在跌势中。

（2）几根平均线在这次向下发散前曾有过一次向下发散（可以是黏合向下发散，也可以是交叉向下发散），但不久后又重新黏合在一起。

（3）短期平均线、中期平均线、长期平均线再次以瀑布状向下发散。

### ◎ 后市操作要点

（1）卖出信号，继续看跌。

（2）股价在大幅下跌后，平均线出现此图形，只可适度做空，以防空头陷阱。

### ◎ 实战解析

**【案例1】**

如图 2-25 所示，青海明胶 2010 年 4 月 30 日形成第一次平均线向下发散，下跌一段后股价横盘震荡，平均线又黏合在一起，不过最后几根均线继续向下发散，呈现空头排列形状，我们称之为再次黏合向下发散形。它表明多方反攻乏力，股价将继续下跌，投资者最好清仓出局。该股在第二次黏合向下发散后，一发不可收拾，跌幅甚大，让投资者损失惨重。通常平均线第一次发散是获利盘出逃导致的，第二次发散则是反弹失败后再度下跌，市场此时已经绝望，后市应还有下跌空间。

**【案例2】**

如图 2-26 所示，吉林敖东 2010 年 4 月 19 日后平均线由黏合开始向

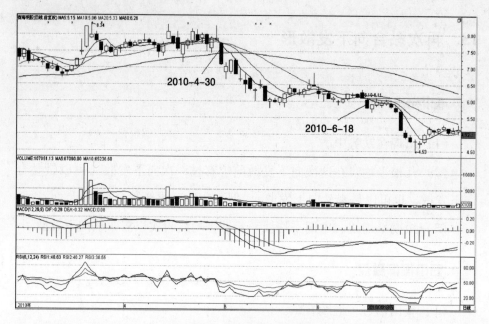

图 2 – 25　青海明胶　　000606

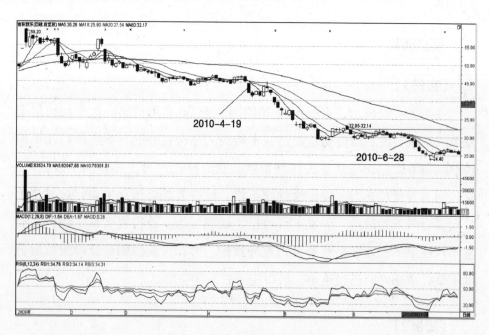

图 2 – 26　吉林敖东　　000623

下发散，这是第一次黏合后发散。在大幅下跌后该股止跌横盘，平均线再度黏合在一起。2010 年 6 月 28 日该股再度破位下跌，此时的平均线也跟随再次向下发散，这是市场绝望的表现，通常后市还有较大跌幅。该股此后果然如期持续下跌，走势惨不忍睹，投资者损失巨大。

# 14．再次交叉向上发散形

## 图形识别

（1）出现在涨势中。

（2）几根平均线在这次交叉向上发散前曾有过一次向上发散（可以是黏合向上发散，也可以是交叉向上发散），但不久向上发散的平均线又逐渐开始收敛。

（3）短期平均线、中期平均线、长期平均线在收敛后再次向上发散。

## 后市操作要点

（1）买进信号，继续看涨。

（2）投资者可以积极买进股票，风险比较小。

## 实战解析

【案例 1】

如图 2 - 27 所示，ST 东海 A（现名"大东海 A"）前期大幅下跌后开始反弹，2009 年 9 月 8 日后该股的平均线形成首次交叉。此后该股持续攀升，然后有一个回调过程。2009 年 11 月 5 日该股再度走强，几根平均线交叉后又开始向上发散，我们称之为再次交叉向上发散形。它表明经过平均线第二次交叉确认后，投资者坚定了做多信心，股价将继续上涨。因此，

第二次交叉点不失为投资者一个稳妥的买进点。该股再次交叉向上发散后，股价加速上升，涨幅较大。

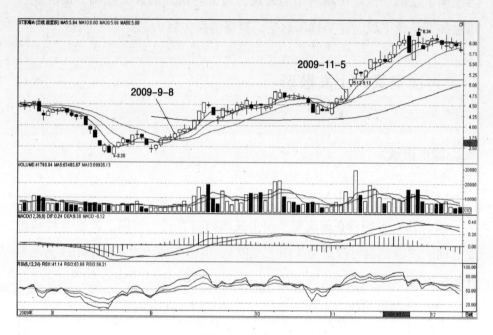

图 2 - 27　ST 东海 A（大东海 A）　　000613

【案例2】

如图 2 - 28 所示，石油济柴自低位反转上行。2008 年 11 月 6 日该股平均线形成第一次交叉，上升一段后有个较长的横盘震荡过程。2009 年 1 月 5 日该股大涨，此时平均线再度形成金叉，此后股价加速上行。如果说平均线第一次交叉后向上发散还不太可靠的话，那第二次交叉向上发散基本可以确认上升趋势的开始，投资者此时可以放心介入。该股此后的表现大家也可以看得到，涨幅相当可观。

图 2 - 28  石油济柴  000617

# 15. 再次交叉向下发散形

## 图形识别

（1）出现在跌势中。

（2）几根平均线在这次向下发散前曾有过一次向下发散（可以是黏合向下发散，也可以是交叉向下发散），但不久向下发散的平均线又重新黏合在一起。

（3）短期平均线、中期平均线、长期平均线在收敛后再次向下发散。

## 后市操作要点

（1）卖出信号，继续看跌。

（2）股价在大幅下跌后，平均线出现此图形，只可适度做空，以防空

头陷阱。

 实战解析

**【案例1】**

如图2-29所示，长安汽车自高位反转下跌。2009年11月24日该股平均线形成第一次交叉向下发散，此后有个小幅反弹，然后再度下跌。2009年12月17日该股的平均线再次交叉向下发散。它表明股价在经过小幅反弹后，上涨乏力，后市继续下跌的可能性极大。投资者此时最好的选择就是清仓观望，不要抱有过多的幻想，以免损失越来越多。本例该股此后逐浪下跌，跌幅较大。平均线第二次交叉向下发散是对下跌趋势的确认，后市继续下跌已经成为定局。

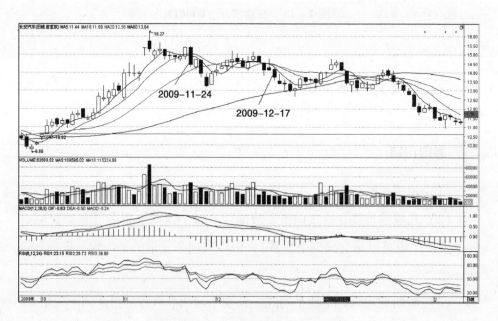

图2-29　长安汽车　000625

**【案例2】**

如图2-30所示，天茂集团在高位形成一个双顶后开始回落，2010年

4月26日该股平均线开始形成第一次交叉向下发散。此后该股大幅下跌，然后有一个小幅反弹，但不久后又再度下跌，平均线也跟随再次交叉向下发散。这是反弹结束的标志，后市应该还有更大跌幅，投资者只能尽早止损出局。后市该股果然大幅下跌，走势极度低迷。

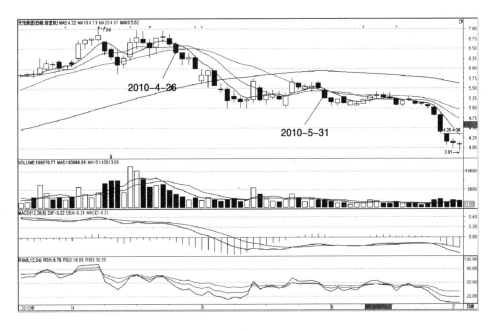

图2-30 天茂集团 000627

# 16. 加速上涨形

## 图形识别

（1）出现在上涨后期。

（2）加速上涨前，均线系统缓慢均匀向上运行。

（3）在加速上涨时，短期平均线与中期平均线、长期平均线的距离越拉越大。

◎ **后市操作要点**

（1）见顶信号，后市看跌。

（2）持股者可以分批逢高卖出，如发现短期平均线和中期平均线都弯头，立即清仓出局。

（3）持币者不要盲目追高。

◎ **实战解析**

**【案例1】**

如图2－31所示，熊猫烟花（现名"熊猫金控"）前期缓慢上升，不显山不露水。2009年7月30日该股突然涨停，股价加速上行，同时5日平均线也跟随加速上扬。此后该股连续涨停，5日平均线也相应地陡直攀升。我们称这种走势为加速上升形。它表明多方力量已经越来越接近极限，股价很有可能随时调头向下。此时，投资者要保持足够的警惕，如果有见顶

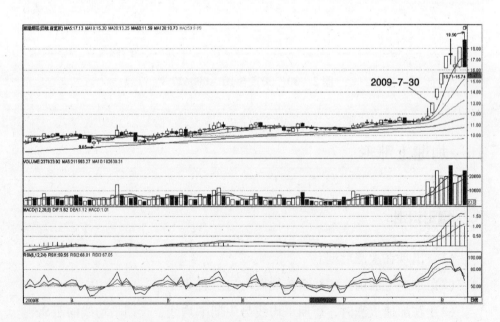

图2－31　熊猫烟花（熊猫金控）　　600599

信号出现，应该立刻卖出股票，保护胜利果实。加速上涨形虽然看起来颇为壮观，但其中也蕴含着巨大的风险，股价随时可能反转下跌，投资者应该能清醒地认识到这一点。

**【案例2】**

如图2－32所示，珠江实业前期逐浪缓慢上升。2009年11月20日该股涨停，5日平均线也跟随抬头，呈现加速形态。此后该股快速上升，5日平均线也加速上扬，角度越来越陡直。

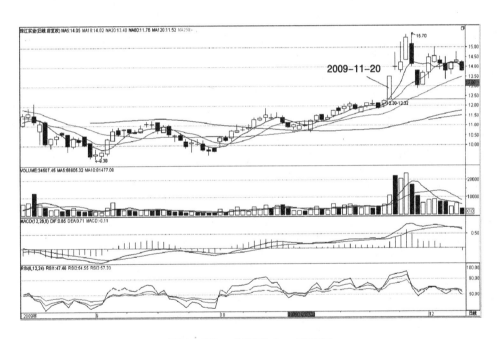

图2－32　珠江实业　600684

任何股票都不可能长久地维持高速的上升，当平均线加速上涨的时候也意味着顶部即将来临。该股此后不久果然见顶回落。对于投资者来说，平均线加速上行的时候也是准备离场的时候。至于具体的卖出时机，需要结合其他信号来判断，因为平均线毕竟反应有点迟钝。

## 17. 加速下跌形

### 图形识别

（1）出现在下跌途中或者下跌后期。

（2）加速下跌前，均线系统缓慢匀速向下运行。

（3）在加速下跌时，短期平均线与中期平均线、长期平均线的距离越拉越大。

### 后市操作要点

（1）短线投资者应该立刻清仓出局。

（2）大幅下跌后加速下跌意味着加速赶底，投资者可以密切关注止跌信号，伺机进场。

### 实战解析

**【案例1】**

如图2-33所示，金枫酒业自高位反转下行，开始的时候短期平均线处于缓慢下跌状态，有点不痛不痒的味道。2010年4月27日该股大幅下挫，股价跌破此前的中继平台，有加速下跌的趋势。此后该股连续暴跌，5日平均线陡直下行。我们称这种走势为加速下跌形。跌破横盘平台后的加速下跌通常还有较大的下跌空间，投资者应该清仓出局。

**【案例2】**

如图2-34所示，海立股份前期逐浪下跌，跌幅不小。2010年6月29日该股继续暴跌，股价跌破横盘平台，预示着加速赶底，投资者可以密切关注止跌信号。几天后该股收出探底针，发出止跌信号，投资者可以少量

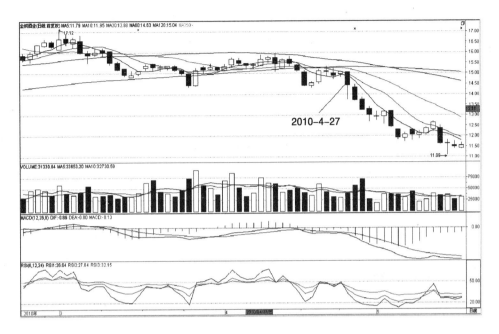

图 2 - 33　金枫酒业　600616

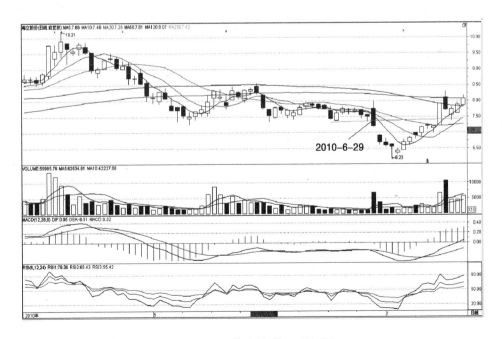

图 2 - 34　海立股份　600619

表明该股长期向好，这种呈现出烘云托月形的股票适合长期持有，整体收获必定丰厚。

# 19. 乌云密布形

## 图形识别

（1）出现在高位盘整期。

（2）股价沿着短期平均线、中期平均线略微向下运行，长期平均线紧紧地在上面压制着。

## 后市操作要点

（1）下跌信号，后市看淡。

（2）只要股价不形成超跌，见此图形还是回避为妙。

## 实战解析

【案例1】

如图2-37所示，中兴通讯前期大幅上涨后反转下跌，虽时有反弹，但力度越来越弱。2010年4月12日该股大幅反弹，但受制于60日平均线，随后再度下跌。次日我们可以清楚地看到短期平均线都在60日平均线之下运行，无法向上突破。长期平均线就像乌云笼罩在股价和短期平均线上，难见天日，我们称之为乌云密布形。它表明空方力量始终占优，多方难有作为，股价将继续下跌。见到这种图形，投资者还是趁早割肉出局为妙，免得血本无归。

【案例2】

如图2-38所示，中联重科自高位反转下行。2010年1月6日前该股

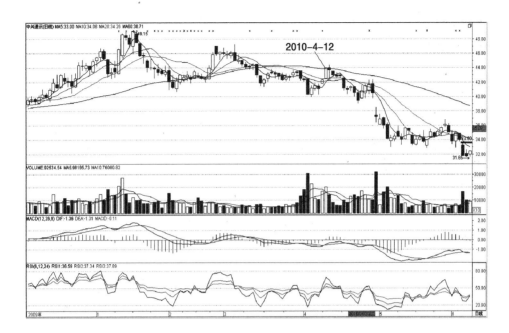

**图 2 - 37　中兴通讯　000063**

**图 2 - 38　中联重科　000157**

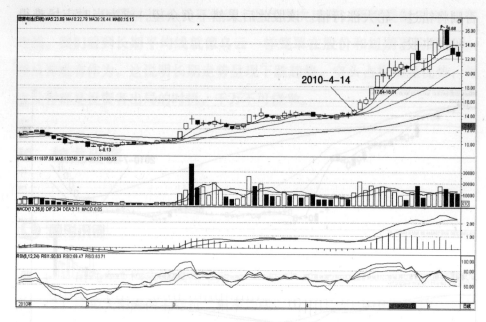

图 2-40 德赛电池 000049

## 21. 断头铡刀

（1）出现在上涨末期或者高位盘整期。

（2）一根大阴线由上而下穿过三根平均线。当日收盘价低于三根平均线。

（1）反转信号，后市看空。

（2）见此图形，投资者应尽快清仓出局。

## ○ 实战解析

**【案例1】**

如图2－41所示，华昌化工反弹一段后进入横盘整理状态中。2010年4月15日该股大幅下挫，拉出一根大阴线，一下子把三根平均线拦腰斩断，我们称这种形态为断头铡刀。这种走势形态表明空方力量巨大，是空头发力的开始，后市股价还将大幅下挫。投资者见此图形最好还是出逃为妙，特别是其他技术指标也走坏的话，更加不能犹豫，果断出逃可以避免更大的损失。本例该股后市的下跌幅度巨大，足见断头铡刀的威力。

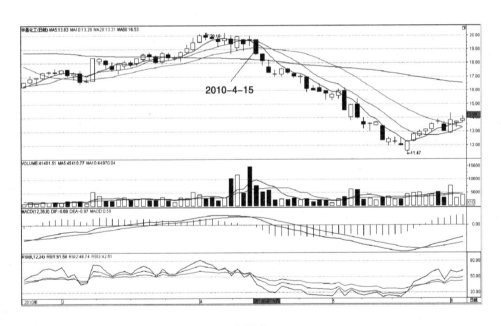

**图2－41 华昌化工 002274**

**【案例2】**

并不是所有的断头铡刀都那么凶悍，有时候主力也利用这种可怕的形态来制造诱空陷阱。如图2－42所示，中成股份2010年1月20日大幅下跌，走出断头铡刀的形态，看似股价即将反转下跌，投资者应该离场。该

股此后果然连续下跌，但实际的下跌幅度并不大。不久该股止跌回升，股价加速上行，且很快创出新高。由此可见此前的断头铡刀是个典型的诱空陷阱，这从成交量的严重萎缩上看出端倪。一旦发现断头铡刀是陷阱，我们就需要纠正自己的操作，因为多头刻意洗盘肯定是意欲有大作为。该股后市的表现也证明了这一点。

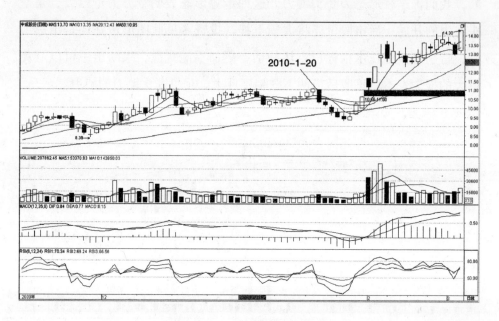

图2－42　中成股份　000151

## 第三章

# 技术指标的分析与运用

技术指标不能决定股价的涨跌，恰恰相反，是股价决定了技术指标的走势，这也就是为什么技术指标总是滞后的原因。

要想判断一只股票的中长期走势，基本面分析必不可少；但要想判断一只股票的短期走势，技术分析更为重要。

# 第一节　MACD 指标

在正式介绍技术指标之前，先简单探讨一下它们的作用。

有些投资者认为技术指标无所不能，只要熟练掌握各种技术指标的用法，就可以赚个盆满钵满；而有些投资者则认为技术指标毫无用处，如果应用技术指标进行股票交易，肯定输多赢少。其实，中庸或者说是平衡，往往代表着真理所在。在股票交易实战中，技术指标确实有用，但作用相对有限，主要用以辅助投资者进行判断。

不要以为技术指标可以决定股价的涨跌，如果你抱着这种期望来使用它，失望绝对是难免的。事实恰恰相反，是股价决定了技术指标的走势。这也就是为什么指标总是滞后的原因。

真正决定股价涨跌的因素是股票的基本面，而短期内影响股价波动的主要因素是投资者的预期（或者直白点说，是市场上的供求关系）。要想判断一只股票的中长期走势，基本面分析必不可少；但要想判断一只股票的短期走势，技术分析更为重要。所以，如果你打算通过短期的波段交易来获利，应该好好研究一下技术分析，其中也包括技术指标。

## 1. 指标概述

MACD，其英文全称为 Moving Average Convergence And Divergence，一般译为"指数平滑异同移动平均线"，由杰拉尔德·阿佩尔（Gerald Appel）于 1979 年提出，是最为简单同时又最为可靠的指标之一。

MACD 的基本原理是借用短中期快速与慢速移动平均线分离、聚合的特征，加上双重平滑处理，来判断买进与卖出的时机与信号。MACD 实际上是均线之间的比较。

MACD 指标属于大趋势类指标，一般作为中长期技术分析的手段。它由长期均线 MACD（为避免和指标名称冲突，常被称为 DEA）、短期均线 DIF、红色能量柱（多头）、绿色能量柱（空头）、0 轴（多空分界线）五部分组成。

在实战中，MACD 指标的主要作用在于保护投资者的利益，而非发现投资机会。MACD 指标所产生的买卖信号较滞后，跟不上股市瞬息万变的节奏，所以不适合用来发现买卖信号，更适合用来协助投资者制定相应的交易策略。

# 2. 计算公式

MACD 在应用上，首先计算出快速移动平均线（即 EMA1）和慢速移动平均线（即 EMA2），以这两个数值作为测量两者（快慢速线）间离差值（DIF）的依据，然后再求 N 周期 DIF 的平滑移动平均线 DEA（也叫 MACD、DEM）值。

以 EMA1 的参数为 12 日，EMA2 的参数为 26 日，DIF 的参数为 9 日为例，看看 MACD 的计算过程。

（1）计算移动平均值（EMA）。

12 日 EMA 的计算公式为：

EMA（12）＝前一日 EMA（12）×11/13 + 今日收盘价×2/13

26 日 EMA 的计算公式为：

EMA（26）＝前一日 EMA（26）×25/27 + 今日收盘价×2/27

（2）计算离差值。

DIF = 今日 EMA（12）－今日 EMA（26）

（3）计算 DIF 的 9 日 EMA。

根据离差值计算其 9 日的 EMA，即离差平均值，也就是所求的 MACD 值。为了不与指标名称相混淆，此值常被称为 DEA 或 DEM。

今日 DEA（MACD）＝前一日 DEA×8/10＋今日 DIF×2/10

（4）BAR 柱状线。

另外，MACD 指标还有个辅助指标——BAR 柱状线，其计算公式为：

BAR＝2×（DIF－DEA）

## 3. 应用规则

（1）当 DIF 和 DEA 处于 0 轴以上时，属于多头市场，DIF 线自下而上穿越 DEA 线时是买入信号。DIF 线自上而下穿越 DEA 线时，如果两线值还处于 0 轴以上运行，只能视为一次短暂的回落，而不能确定趋势转折，此时是否卖出还需要借助其他指标来综合判断。

（2）当 DIF 和 DEA 处于 0 轴以下时，属于空头市场。DIF 线自上而下穿越 DEA 线时是卖出信号，DIF 线自下而上穿越 DEA 线时，如果两线值还处于 0 轴以下运行，只能视为一次短暂的反弹，而不能确定趋势转折，此时是否买入还需要借助其他指标来综合判断。

（3）柱状线收缩和放大。一般来说，柱状线的持续收缩表明趋势运行的强度正在逐渐减弱，当柱状线颜色发生改变时，趋势确定转折。但在一些时间周期不长的 MACD 指标使用过程中，这一观点并不能完全成立。

（4）形态和背离情况。MACD 指标也强调形态和背离现象。当形态上 MACD 指标的 DIF 线与 DEA 线形成高位看跌形态，如头肩顶、双头等，应当保持警惕；而当形态上 MACD 指标 DIF 线与 DEA 线形成低位看涨形态时，应考虑进行买入。在判断形态时以 DIF 线为主，DEA 线为辅。当价格持续升高，而 MACD 指标走出一波比一波低的走势时，意味着顶背离出现，预示着价格可能将在不久之后出现转头下行；当价格持续降低，而 MACD 指标却走出一波高于一波的走势时，意味着底背离现象的出现，预示着价格将很快结束下跌，转头上涨。

（5）牛皮市道中指标将失真。当价格并不是自上而下或者自下而上运行，而是保持水平方向的移动时，我们称之为牛皮市道，此时虚假信号将在 MACD 指标中产生，指标 DIF 线与 DEA 线的交叉将会十分频繁，同时柱状线的收放也将频频出现，颜色也会常常由绿转红或者由红转绿，此时 MACD 指标处于失真状态，使用价值相应降低。

## 4. 实战解析：MACD 两曲线交叉判断法

根据应用规则 1 和规则 2 可知，通过关注 MACD 的两条曲线 DIF、DEA 的取值与交叉，可以粗略地判断当前行情的基本走势，并寻找出买入信号和卖出信号。

（1）空头市场曲线交叉判断法。

DIF、DEA 在 0 轴之下，表明中短期移动平均线位于长期移动平均线之上，为空头市场，应当以持币为主要策略。空头市场中，两条曲线死叉提供的卖出信号较为准确；至于两条曲线金叉提供的买入信号，一般只能先看作反弹，是否该买入应结合其他指标综合判断（如成交量，周线 KDJ 等）。

但是，如果短期内（8 或 13 个交易日内）连续发生两次金叉，则发生第二次金叉的时候，可能发生暴涨，这种方法被称为"MACD 低位二次金叉法"，主要用来寻找短线暴涨股。MACD 低位一次金叉的，未必不能出暴涨股，但"MACD 低位二次金叉"出暴涨股的概率和把握更高一些。因为经过"第一次金叉"之后，空头虽然再度小幅进攻，造成又一次死叉，但是，空头的进攻在多方的"二次金叉"面前，遭遇溃败，从而造成多头力量的喷发。"MACD 低位二次金叉"和 K 线形态、量价关系可以综合起来考虑，以增加确信度。

**【案例 1】**

如图 3 - 1 所示，2005 年 3 月 14 日，DIF 向下跌破 DEA，显示卖出信

号。2005年4月7日，DIF向上突破DEA，属于短暂反弹，不要买入。2007年4月20日，DIF再次向下跌破DEA，再次显示卖出信号。

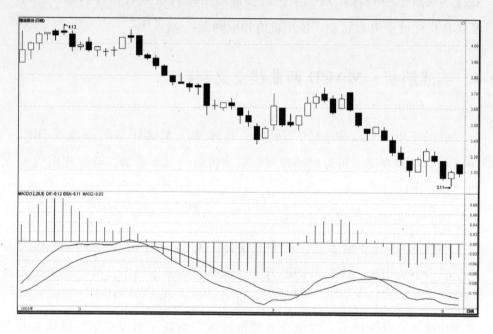

图3-1　隧道股份　600820

（2）多头市场曲线交叉判断法。

DIF、DEA在0轴之上，表明中短期移动平均线位于长期移动平均线之上，为多头市场，应当以持股为主要策略。多头市场中，两条曲线金叉提供的买入信号较为准确；但是，两条曲线死叉提供的卖出信号并不一定值得信赖，必须结合其他指标综合判断。

【案例2】

如图3-2所示，2007年1月8日，DIF向上突破DEA，是较好的买入信号。2007年2月26日，DIF向下跌破DEA，此时可以平仓出货，获利了结。2007年3月26日，DIF再次向上突破DEA，又是一次较好的买入机会。

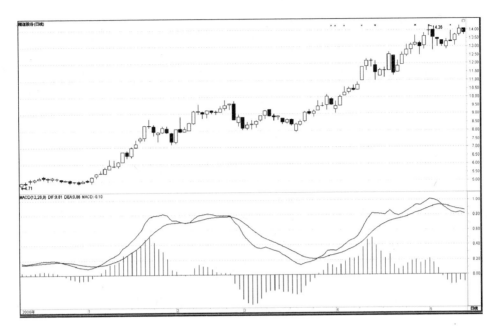

图 3 - 2 隧道股份 600820

# 5. 实战解析：MACD 底背离买入法

MACD 底背离有两种情况：一种是负（绿）柱峰底背离，另一种是 MACD 两条曲线均出现底背离。

MACD 负柱峰及两曲线底背离大多数在股价处于 60 日均线下方运行之时出现。股价在 60 日均线上方运行的强势市场较少出现，一旦出现可积极买入。

（1）负（绿）柱峰底背离买入法。

①负（绿）柱峰一次底背离买入法。

当两个负柱峰发生底背离时，这是较可信的短线买入信号。

买入时机：可采用"双二"买入法，即在第二个负柱峰出现第二根收缩绿柱线时买入，这样可买到较低的价位。

**【案例1】**

如图3-3，2007年7月6日，负柱峰出现了底背离（与2007年6月4日低点的负柱峰相比较）。2007年7月10日，在第二个负柱峰出现第二根收缩绿柱线，以当日均价11.86元买入，买在较低价位。

图3-3　威尔泰　002058

②负（绿）柱峰二次底背离买入法。

当MACD负柱峰发生两次底背离时，这是更加可信的买入信号。

买入时机：第三个负柱峰出现第一根或第二根收缩绿柱线时。

**【案例2】**

如图3-4，2006年11月13日，负柱峰出现了三次底背离（2006年9月27日、11月2日和11月13日），11月14日第三个负柱峰出现第一根收缩绿柱线，以当日均价9.57元买入，有一定的获利空间。

图3-4　威尔泰　002058

③负柱峰复合底背离买入法。

第一个负柱峰与第二个负柱峰发生底背离后，第三个负柱峰与第二个负柱峰没有底背离，却与第一个负柱峰发生了底背离，称为"隔峰底背离"。这是可以信任的买入信号。

买入时机：第三个负柱峰出现第一根或第二根收缩绿柱线时。

**【案例3】**

如图3-5，2007年1月4日，负柱峰出现复合底背离（与2006年11月20日及2006年12月13日的负柱峰相比较），1月5日第三个负柱峰出现第一根收缩绿柱线，以当日均价6.45元买入。随后的涨势证明，在此处买入获利空间非常广阔。

（2）两曲线底背离买入法。

①负柱峰与MACD两曲线均出现底背离买入法。

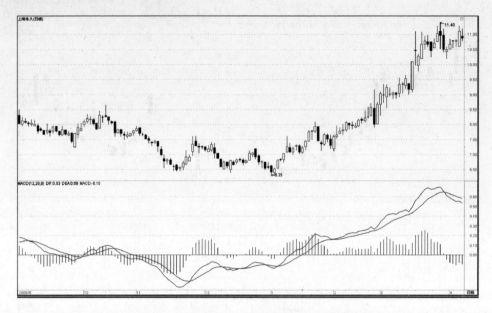

图 3 - 5　上海永久（中路股份）　　600818

　　负柱峰底背离时，MACD 两条曲线不一定会出现底背离。此时，负柱峰底背离发出的买入信号可先看做是反弹。当负柱峰与两曲线同时出现底背离时，买入信号更为可靠，可积极买入。

　　买入时机：相对应的负柱峰出现第一根或第二根收缩绿柱线时。

　　**【案例4】**

　　仍以图 3 - 5 为例，2007 年 1 月 4 日，负柱峰出现复合底背离（与 2006 年 11 月 20 日及 2006 年 12 月 13 日的负柱峰相比较）。与此同时，MACD 双曲线也发生了底背离：2006 年 11 月 20 日，DIF 为 - 0.33，DEA 为 - 0.22；2006 年 12 月 13 日，DIF 为 - 0.15，DEA 为 - 0.14；2007 年 1 月 4 日，DIF 为 - 0.13，DEA 为 - 0.11。随后，引发了一波强劲的上升行情。2007 年 5 月 23 日，股价攀升至 19.20 元。

　　②两条曲线两次底背离或复合底背离买入法。

　　当 MACD 两条曲线两次底背离或复合底背离时，有较大机会出现中、长期底部，可以寻找机会建仓。

买入时机：相对应的负柱峰出现第一根或第二根收缩绿柱线时，或者复合底背离相对应的负柱峰出现第一根或第二根收缩绿柱线时。

仍以上海永久（现名"中路股份"）为例，自2006年4月4日至2008年3月，2007年1月4日6.35元的价位一直是中期的底部。

# 6. 实战解析：MACD "将死不死" 买入法

所谓"将死不死"，是指MACD两条曲线数值相同、刚触碰或两条曲线非常接近将要死叉（未死叉），然后DIF开口上行，红柱线重新拉长。MACD "将死不死"买入法还要同时满足下列条件：当日股价刚突破20日均线或已在20日均线上方运行时再出现放量阳线；当日成交量至少大于5日均量，5日均量要大于10日均量。

在运用"将死不死"买入法时，要注意以下三点：

MACD买入信号在0线下方出现与在0线上方出现是有不同市场意义的。MACD在0线下方出现"将死不死"买入信号时，可先看做是反弹；而MACD在0线上方出现"将死不死"买入信号是强势的特征，可积极买入，尤其在0线上方附近第一次出现MACD "将死不死"买入信号时更应积极买入。

在20日、120日、250日均线形成多头排列，股价受20日均线支撑时，MACD在0线上方出现"将死不死"买入信号，升势更强劲，是强势市场选牛股的制胜法宝。

如果MACD连续三次出现"将死不死"买入信号时，要警惕顶部出现。

（1）标准型（触碰型）。

MACD两条曲线数值相同、两曲线刚触碰，然后DIF开口上行。

买入时机：DIF刚开口上行，红柱线重新拉长，当日出现放量阳线。

【案例1】

如图3-6，2006年2月6日，MACD两曲线数值均为0.06，两曲线刚触碰。2月7日，DIF开口上行，红柱线重新拉长，当日一根放量阳线向上突破20日均线，且5日均量大于10日均量，满足买入条件。以当日均价2.96元买入，后市获利空间广阔。

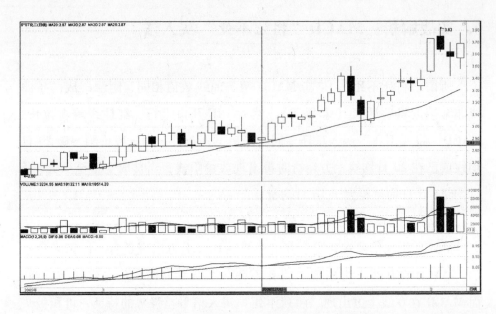

图3-6　S＊ST化二（国元证券）　　000728

（2）接近型。

DIF勾头下行接近DEA（未触碰），然后DIF开口上行。

买入时机：DIF刚开口上行，红柱线重新拉长，当日出现放量阳线。

【案例2】

如图3-7，2007年2月28日，DIF（数值为0.41）勾头下行接近DEA（数值为0.39）。3月1日，DIF开口上行，红柱线重新拉长，当日在20日均线上方出现一根放量阳线，5日均量大于10日均量，满足买入条件。以当日均价7.49元买入，后市获利空间不错。

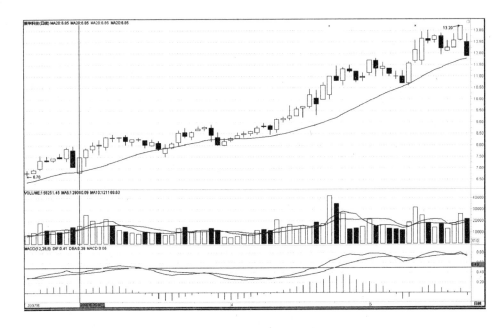

图 3 - 7 振华科技 000733

# 7. 要点提示

（1）MACD 并不能反映中长期趋势。习惯上大家认为 MACD 反映的是较长的趋势，实际上它是基于两条短期均线（26，12）的差值计算出的，其本身无法反映总体趋势。当然，我们可以通过变换周期等方法加强对总体趋势的把握。

（2）日线周期的 MACD 波动得非常缓慢，经常在市场行情已经发生翻天覆地变化之后才发出姗姗来迟的信号，此时介入将导致投资者的利润大幅度缩水。但是，如果将 MACD 缩小到分时 K 线中使用，则可以用来指导短线交易。至于使用 5 分钟、15 分钟、30 分钟还是 60 分钟分时 MACD，可以参照指标周期共振综合使用，或者投资者可以挑选自己擅长的分时周期使用。

（3）要充分地使用 MACD 的顶底背离信号。这是市场最明显的警示性信号，很难被人为操纵（因为 MACD 运算较为复杂，属于趋势追逐性工具，某些投资力量对顶底背离信号进行骗线操作时经常力不从心）。

（4）判断 MACD 指标背离必须遵守连续性原则。所以，如果股票发生除权，则必须在复权价位下运用 MACD 指标。如果股票发生停牌，那么停牌阶段指标运动失效。另外，涨跌停板也会导致指标失效。

（5）任何指标都不是万能的，只有结合基本面分析、K 线、成交量以及其他指标来确认买卖信号，才是最为正确的交易策略。

# 第二节  KDJ 指标

## 1. 指标概述

KDJ 指标，又称随机指标，由美国的乔治·莱恩（George Lane）所创，一般是根据统计学的原理，通过一个特定的周期（常为 9 日、9 周等）内出现过的最高价、最低价及最后一个计算周期的收盘价及这三者之间的比例关系，来计算最后一个计算周期的未成熟随机值 RSV，然后根据平滑移动平均线的方法来计算 K 值、D 值与 J 值，并绘成曲线图来研判股票走势。

随机指标 KDJ 最早是以 KD 指标的形式出现的，而 KD 指标是在威廉指标（W％R）的基础上发展起来的，比 W％R 指标更具使用价值。W％R 指标一般只限于用来判断股票的超买和超卖现象，而随机指标却融合了动量指标、强弱指数和移动平均线的一些优点，对买卖信号的判断更加准确。

KDJ 指标通过计算当日或最近数日的最高价、最低价及收盘价等价格波动的真实波幅，研究高低价位与收盘价的关系，充分考虑了价格波动的随机振幅和中短期波动的测算，使其短期测市功能比移动平均线更准确有效，在市场短期超买超卖方面，又比相对强弱指标 RSI 敏感。

KDJ 是一个随机波动的概念，反映了价格走势的强弱和波段的趋势，对于把握中短期的行情走势十分敏感。

# 2. 计算公式

（1）产生 KD 以前，先计算未成熟随机值 RSV。其计算公式为：

N 日 RSV =（Cn – Ln）÷（Hn – Ln）×100

式中：Cn——第 n 日收盘价；

Ln——n 日内最低价；

Hn——n 日内最高价。

从计算公式可以看出，RSV 指标和 W%R 计算很类似。事实上，同周期的 RSV 值与 W%R 值之和等于100，因而 RSV 值也介于 1～100。

（2）K 值为 RSV 值 3 日平滑移动平均线。

对 RSV 进行指数平滑，就得到如下 K 值：

今日 K 值 =2/3×昨日 K 值 +1/3×今日 RSV

式中，1/3 是平滑因子，可以人为选择。不过，目前已经约定俗成，固定为1/3。

（3）D 值为 K 值的 3 日平滑移动平均线。

对 K 值进行指数平滑，就得到如下 D 值：

今日 D 值 =2/3×昨日 D 值 +1/3×今日 K 值

式中，1/3 是平滑因子，可以人为选择。不过，目前已经约定俗成，固定为1/3。

（4）在介绍 KD 时，往往还附带一个 J 指标，计算公式为：

J =3D – 2K = D +2×（D – K）

由公式可见，J 是 D 加上一个修正值。J 的实质是反映 D 和 D 与 K 的差值。此外，有的书中 J 指标的计算公式为：J = 3K – 2D

## 3. 应用规则

KDJ 指标是三条曲线，在应用 KDJ 指标进行研判时，主要从以下六个方面来考虑：KDJ 三个参数的取值、KDJ 曲线的形态、KDJ 曲线的交叉、KDJ 曲线的背离和 K 线、D 线、J 线的运行状态以及 KDJ 曲线同股价曲线的配合。

（1）从 KDJ 三个参数的取值方面考虑。

①取值范围。

KDJ 指标中，K 值和 D 值的取值范围都是 0 ~ 100，而 J 值的取值范围可以超过 100 和低于 0。但在分析软件上，KDJ 的研判范围都是 0 ~ 100。就敏感性而言，J 值最强，K 值次之，D 值最弱；就安全性而言，J 值最差，K 值次之，D 值最稳。

②超买超卖信号。

按照 KDJ 的取值范围，可以将其划分为超买区、超卖区和徘徊区。一般而言，K、D、J 在 20 以下为超卖区，应该考虑买入；K、D、J 在 80 以上为超买区，应该考虑卖出；K、D、J 在 20 ~ 80 为徘徊区，宜观望。

③多空力量对比。

一般而言，当 K、D、J 三值在 50 附近时，表示多空双方力量均衡；当 K、D、J 三值都大于 50 时，表示多方力量占优；当 K、D、J 三值都小于 50 时，表示空方力量占优。

（2）从 KDJ 曲线的形态方面考虑。

当 KDJ 曲线构成头肩顶底、双重顶底（即 M 头、W 底）或三重顶底等形态时，可以按照形态理论的研判方法加以分析。KDJ 曲线出现的各种形态是判断行情走势、决定买卖时机的一种分析方法。另外，KDJ 指标曲线还可以画趋势线、压力线和支撑线等。

①当 KDJ 曲线在 50 上方的高位时，如果 KDJ 曲线的走势形成 M 头或三重顶等顶部反转形态，可能预示着股价由强势转为弱势，股价即将大跌，应及时卖出股票。如果股价的曲线也出现同样形态则更可确认，其跌幅可

以用 M 头或三重顶等形态理论来研判。

②当 KDJ 曲线在 50 下方的低位时，如果 KDJ 曲线的走势出现 W 底或三重底等底部反转形态，可能预示着股价由弱势转为强势，股价即将反弹向上，可以逢低少量吸纳股票。如果股价曲线也出现同样形态更可确认，其涨幅可以用 W 底或三重底形态理论来研判。

③KDJ 曲线的形态中，M 头和三重顶形态的准确性要大于 W 底和三重底。

（3）从 KD 指标的交叉方面考虑。

KDJ 曲线的交叉分为黄金交叉和死亡交叉两种形式。

从理论上来讲，黄金交叉时应该买入，死亡交叉时应该卖出。但实际上并非如此，如果单纯依赖黄金交叉和死亡交叉来操作，亏损的可能性更大。所以，必须结合其他指标综合考虑。

（4）从 KD 指标的背离方面考虑。

KDJ 指标背离有顶背离和底背离两种。顶背离现象一般是股价将高位反转的信号，表明股价中短期内即将下跌，是卖出的信号。底背离现象一般是股价将低位反转的信号，表明股价中短期内即将上涨，是买入的信号。

与其他技术指标的背离一样，KDJ 顶背离的研判准确性要高于底背离。当股价在高位，KDJ 在 80 以上出现顶背离时，可以认为股价即将反转向下，投资者可以及时卖出股票；而股价在低位，KDJ 也在低位（50 以下）出现底背离时，一般要反复出现几次底背离才能确认，并且投资者只能做战略性建仓。

（5）K、D、J 曲线运行的状态。

当 J 曲线开始在底部（50 以下）向上突破 K 曲线时，说明股价的弱势整理格局可能被打破，股价短期将向上运动，投资者可以考虑少量长线建仓。

当 J 曲线向上突破 K 曲线并迅速向上运动，同时曲线也向上突破 D 曲线，说明股价的中长期上涨行情已经开始，投资者可以加大买入股票的力度。

当 K、D、J 曲线开始摆脱前期窄幅盘整的区间并同时向上快速运动时，说明股价已经进入短线强势拉升行情，投资者应坚决持股待涨。当 J 曲线经过一段快速向上运动的过程后开始在高位（80 以上）向下掉头时，说明股价短期上涨过快，将开始短线调整，投资者可以短线卖出股票。

当 D 曲线也开始在高位向下调头时，说明股价的短期上涨行情可能结束，投资者应中线卖出股票。

当 K 曲线也开始在高位向下调头时，说明股价的中短期上涨行情已经结束，投资者应全部清仓离场。

当 K、D、J 曲线从高位同时向下运动时，说明股价的下跌趋势已经形成，投资者应坚决持币观望。

（6）KDJ 曲线与股价曲线的配合使用。

当 KDJ 曲线与股价曲线从低位（KDJ 值均在 50 以下）同步上升，表明股价中长期趋势向好、短期内股价有望继续上涨趋势，投资者应继续持股或逢低买入。

当 KDJ 曲线与股价曲线从高位（KDJ 值均在 50 以上）同步下降，表明短期内股价将继续下跌趋势，投资者应继续持币观望或逢高卖出。

当 KDJ 曲线从高位回落，经过一段时间强势盘整后再度向上并创出新高，而股价曲线也在高位强势盘整后再度上升创出新高，表明股价的上涨动力依然较强，投资者可继续持股待涨。

当 KDJ 曲线从高位回落，经过一段时间盘整后再度向上，但到了前期高点附近时却调头向下未能创出新高，而股价曲线还在缓慢上升并创出新高，KDJ 曲线和股价曲线在高位形成了相反的走势，这可能就意味着股价上涨的动力开始减弱，KDJ 指标出现了顶背离现象。此时投资者应万分小心，一旦股价向下，应果断及时地离场。

当 KDJ 曲线在长期弱势下跌过程中，经过一段时间弱势反弹后再度向下并创出新低，而股价曲线也在弱势盘整后再度向下创出新低，表明股价的下跌动能依然较强，投资者可继续持币观望。

当 KDJ 曲线从低位向上反弹到一定高位再度向下回落，但回调到前期低点附近时止跌站稳、未能创出新低时，而股价曲线还在缓慢下降并创出新低，KDJ 曲线和股价曲线在低位形成相反的走势，这可能就意味着股价下跌的动能开始衰弱，KDJ 指标出现了底背离现象。此时投资者也应密切关注股价动向，一旦股价向上就可以短线买入，等待反弹的出现。